Coleção Seminários Especiais – Centro João XXIII – 12

Coleção Seminários Especiais — Centro João XXIII

1. *Igreja: movimento popular, política no Brasil*
   Ivo Lesbaupin (org.)
2. *Igreja e questão agrária*
   Vanilda P. Paiva (org.)
3. *Sociedade brasileira contemporânea: família e valores*
   Ivete Ribeiro (org.)
4. *Menor e sociedade brasileira*
   Ivete Ribeiro, Maria de Lourdes A. Barbosa (orgs.)
5. *Catolicismo, educação e ciência*
   Vanilda Paiva (org.)
6. *Impacto da modernidade sobre a religião*
   Maria Clara L. Bingemer (org.)
7. *Doutrina social da Igreja e teologia da libertação*
   Francisco Ivern, S.J.
   Maria Clara L. Bingemer (org.)
8. *Mulher e relações de gênero*
   Maria Clara L. Bingemer (org.)
9. *Mística e política*
   Maria Clara L. Bingemer, Roberto S. Bartholo (orgs.)
10. *Família em processos contemporâneos: inovações culturais na sociedade brasileira*
    Ivete Ribeiro, Ana Clara Torres Ribeiro (orgs.)
11. *Exemplaridade ética e santidade*
    Maria Clara L. Bingemer, Roberto S. Bartholo (orgs.)
12. *Violência, crime e castigo*
    Maria Clara L. Bingemer, Roberto S. Bartholo (orgs.)
13. *Prefeituras do povo e para o povo*
    Ivo Lesbaupin (org.)

Maria C. Bingemer
Roberto S. Bartholo
(orgs.)

Violência, crime e castigo

Edições Loyola

Centro João XXIII — IBRADES
Rua Bambina, 115
22251-050 Rio de Janeiro — RJ
✆ (011) 286-8522
Fax (011) 266-6157

Edições Loyola
Rua 1822 nº 347 — Ipiranga
04216-000 São Paulo — SP
Caixa Postal 42.335
04299-970 São Paulo — SP
✆ (011) 6914-1922
Fax (011) 63-4275
Home page: www.ecof.org.br/loyola
e-mail: loyola@ibm.net

Todos os direitos reservados. Nenhuma parte desta obra pode ser reproduzida ou transmitida por qualquer forma e/ou quaisquer meios (eletrônico, ou mecânico, incluindo fotocópia e gravação) ou arquivada em qualquer sistema ou banco de dados sem permissão escrita da Editora.

ISBN: 85-15-01412-2

© EDIÇÕES LOYOLA, São Paulo, Brasil, 1996.

ÍNDICE

DA VIOLÊNCIA À MISERICÓRDIA
Maria Clara Lucchetti Bingemer, Roberto S. Bartholo (orgs.) 7

O RETRATO DA VIOLÊNCIA

O TRÁFICO DE COCAÍNA COLÔMBIA-EUA
Domício Proença Júnior 21

CRIME E CASTIGO VISTOS POR UMA ANTROPÓLOGA
Alba Zaluar 55

UMA RADIOGRAFIA DA VIOLÊNCIA NO RIO DE JANEIRO
Luiz Eduardo Soares (coordenador), Carlos Antonio Costa Ribeiro, João Trajano Sento Sé, José Augusto de Souza Rodrigues, Leandro Piquet Carneiro 85

PENSANDO SOBRE A VIOLÊNCIA

VIOLÊNCIA E FILOSOFIA
Wilmar do Valle Barbosa 117

CRENDO E ESPERANDO NA NÃO-VIOLÊNCIA

OS SUAVES HERDARÃO A TERRA
Frei Luis Carlos Susin 133

A NÃO-VIOLÊNCIA NO BRASIL CONTEMPORÂNEO
Pierre Sanchis 153

DA VIOLÊNCIA À MISERICÓRDIA

O tema da violência, escolhido pelo Centro João XXIII para um de seus seminários de peritos, dispensa justificações e demonstrações de pertinência e atualidade. A questão provoca especialmente a atenção e o pensamento pelo fato de primeiro ter provocado os sentidos, as emoções, o medo e o pavor.

A violência, para qualquer um no mundo de hoje e muito especialmente no Brasil e no Rio de Janeiro, está longe de ser um tema teórico. Pelo contrário, de uma maneira assustadoramente concreta, entra pelas casas e corpos, ameaça a vida em todas as suas dimensões e vai deixando, por onde passa, um rastro de morte e destruição.

O fato de o Centro João XXIII reunir para pensar, refletir e discutir sobre a violência especialistas de diversas áreas do saber não significa dar ao tema um tratamento apenas teórico, mas colocar a teoria no auxílio de uma prática de combate à violência que vem se revelando frágil e pobre, ao mesmo tempo que tremendamente necessária. Neste seminário, que denominamos *Violência, crime e castigo*, nos dispomos, portanto, a enfrentar o tema em suas mais longínquas raízes e significações, ao mesmo tempo que em seus aspectos mais reais e palpáveis, esperando poder trazer pistas para o que desejamos, ou seja, o avesso da violência: a paz, a não-violência, a misericórdia, enfim, que deseja e aceita ser perdão passando vulneravelmente em meio aos conflitos e suas conseqüências.

Sabedores de que esta paz não se dá de graça nem imediatamente e demanda não apenas a seriedade da pesquisa e da reflexão, mas o empenho corajoso e gratuito do compromisso e da entrega, temos a alegria de editar as exposições deste seminário que, em sua diversidade, esperamos possa ser uma modesta e humilde contribuição ao esforço de tantas pessoas e instituições que neste momento da história se empenham e lutam por um mundo onde seja possível viver humanamente.

ALGUNS TRAÇOS DO PERFIL DA VIOLÊNCIA

O primeiro texto que apresentamos é de autoria de Domício Proença Júnior, professor da COPPE-UFRJ. Com o subtítulo *Esboços de uma logística do crime* mostra, pela análise concreta do tráfico de drogas na Colômbia e EUA, a relação intrínseca que existe entre violência e crime, além de apontar o caminho para a fonte que dá origem a ambos: o dinheiro.

A razão do Prof. Domício deter-se, no seu estudo, em fontes exclusivamente internacionais reflete por um lado a inexistência de dados confiáveis sobre o tema em nosso país; por outro, o fato de que o caso do tráfico colombiano e americano serem os que mais desdobramentos úteis apresentam em termos de aplicação ao caso brasileiro.

Trazendo dados rigorosos e ao mesmo tempo chocantes, o texto vai delineando aos olhos do leitor toda a minuciosa e detalhada montagem desta "indústria" do crime que vai caminhando de par com a violência e gerando uma situação de verdadeira guerra entre bandos, facções, cartéis. Mais: com precisão implacável, o texto vai desdobrando ante o atônito leitor a conclusão inapelável de que a questão do tráfico de drogas e suas conseqüências em termos de violência e crime atinge dimensões planetárias, havendo rompido os limites da domesticidade ou da localização geográfica já há muito tempo.

Qualquer tentativa, portanto, de entender este macabro fenômeno de maneira simplista e amadorística implica uma condenação a deixar do lado de fora da compreensão e da interpretação toda uma dimensão constitutiva do mesmo fenômeno. Realisticamente, o estudo do Prof. Domício aponta para uma conclusão aterradora: a de que "a questão das drogas permanecerá sendo um ponto crítico e importante no desenho do mundo. Seus fluxos de dinheiro continuarão a embasar uma logística criminal de contingentes, dinheiro e armas que influenciará a dinâmica do crime e da vida em nossos tempos".

O debate suscitado por esta colocação levantou algumas importantes questões a serem refletidas, tais como: a alteração que a ingestão maciça e generalizada da droga pode ter sobre categorias tradicionais, tais como "privado", "indivíduo", "direito de gerações", "direito da espécie", "poder de intervenção e regulação do estado" etc. É toda uma reprogramação do vivente, uma fabricação da subjetividade, essa que está em curso como ameaça de real iminência.

Além disso, por parte das camadas de população que sofrem todo tipo de carência e opressão, a droga funciona muitas vezes como uma "boa notícia", por trazer, em meio àqueles que não são consumidores, mas apenas mediadores, a possibilidade do dinheiro chegar mais perto e com ele a perspectiva de uma vida mais humana e melhor. Esta questão foi colocada também em debate a partir da intervenção do Prof. Domício numa tentativa de resistir a qualquer tentação maniqueísta de simplificar o problema e vê-lo apenas por um ângulo.

Tudo isso destaca as questões fundamentais da ética e da liberdade, que vão ser tratadas nas próximas exposições, aplicadas ao caso concreto da violência urbana e muito especialmente da cidade do Rio de Janeiro.

A conhecida antropóloga Alba Zaluar, pioneira na denúncia da questão da violência na cidade do Rio, não só por meio de trabalhos científicos como também de artigos publicados nos grandes meios de comunicação, nos oferece uma síntese atualizada da sua trajetória de pensamento e produção a respeito deste tema...

Com o título *Crime e castigo vistos por uma antropóloga*, seu texto, após uma respeitável introdução que esboça o estado da questão e situa o leitor quanto à metodologia do trabalho, questiona as vinculações estabelecidas e canonizadas pela comunidade científica quando se trata de pesquisa de campo sobre temas tão vitais e mobilizadores como este que nos ocupa. Entram nessa tipologia as vinculações entre "versão" e "verdade", por exemplo, assim como aquela entre "dados estatísticos" e "interpretação", assim como as barreiras entre a pesquisadora e seu objeto de estudo...

Após uma análise fina e acurada do fenômeno da violência por parte da ciência da Antropologia, a partir do pensamento de vários autores (Girard, Bakhtin, Bataille, etc.), a Profa. Alba Zaluar aterrissa plenamente na discussão pública sobre a violência e a criminalidade que, no seu entender, dividem a frágil democracia brasileira. Fornecendo dados de impressionante atualidade sobre as mortes violentas em vários estados do

Brasil, e detendo-se de modo especial na infância e na juventude, como agente e vítima da violência urbana, a Autora retoma o tema do tráfico de drogas, tão original e magistralmente tratado na conferência do Prof. Domício Proença.

Apontando a rede do tráfico como principal corruptor e desmobilizador das vias de associação da população carente de cidades como o Rio de Janeiro, a Profa. Alba Zaluar termina seu texto com um toque de tristeza e ao mesmo tempo com um grito de alerta, no sentido de que "nenhuma resposta a estes problemas pode ser simples ou unilateral", havendo a necessidade imperiosa de considerar "os aspectos institucionais, políticos, culturais, sociais e econômicos da questão".

O texto seguinte, do Prof. Luiz Eduardo Soares apresenta o resultado de uma pesquisa por ele coordenada e patrocinada pela FAPERJ, com o apoio do ISER e do Departamento de Ciências Sociais da UERJ. Seu título, *Uma radiografia da violência no Rio de Janeiro*, introduz ao tema geograficamente situado e a sua "cunha" específica, que é todo o trabalho que nos últimos anos se vem desenvolvendo na metrópole carioca e/ou fluminense no sentido de encontrar vias de solução para o problema da violência. Neste pano de fundo, o movimento Viva Rio, do qual o Prof. Luiz Eduardo é um dos mais ativos membros, tem feito esforços que pudemos acompanhar pela imprensa e outros meios de comunicação.

Claramente situado no tempo e no espaço (Rio de Janeiro, ano de 1992), o texto nos fornece dados estatísticos minuciosos e precisos sobre o traçado da violência e do crime e seus protagonistas e personagens secundários. Utilizando-se de diferentes variáveis, mas, sobretudo da metade para o fim, centrando-se na questão do gênero (homens e mulheres atores e vítimas da violência), o Autor vai esboçando a conclusão com a qual quer provocar o fórum do seminário e os leitores do texto: de que é indispensável identificar os problemas e hierarquizá-los para que haja um enfrentamento mais objetivo da criminalidade, substituindo impressões simplificadoras que só fazem alimentar propostas autoritárias por uma discussão mais séria e madura dos problemas, respeitando-se suas diferenças e atentando-se sobretudo para suas profundas raízes sociais.

As tabelas e gráficos que o Prof. Luiz Eduardo Soares apresenta certamente representam valiosa e séria contribuição para que aconteça, por parte da sociedade fluminense, a importante conquista da combinação de eficiência, honestidade e respeito aos direitos civis.

O debate trouxe sobretudo questões colocadas por educadores comunitários, que trabalham com crianças de rua, enriquecendo o fórum com toda a sua experiência com a infância e juventude carente da cidade do Rio de Janeiro. Defrontando com uma problemática que está longe de ser simples diariamente no seu trabalho, esses educadores colocam questões que a ciência não prevê em suas hipóteses de trabalho e às quais não tem condição de antecipar-se em sua reflexão. E ao final, a pergunta permaneceu no ar: como educar as crianças que são fruto e vítimas da violência desde o nascimento, não brutalizando-as, mas dialogando, negociando, de forma que a disciplina se compatibilize com a liberdade? A grande questão da ética permaneceu pairando no ar, fertilizando mentes e corações para o próximo tema que foi abordado.

ÉTICA E VIOLÊNCIA

A presença da filosofia não poderia faltar nesta reflexão multidisciplinar sobre o tema da violência. Após ouvir a palavra concretizadora e situada das ciências sociais, importava alargar o horizonte e pensar a questão buscando chegar aos seus fundamentos mais remotos e profundos.

A exposição do Prof. Wilmar do Valle Barbosa foi de valor inestimável no conjunto do seminário. Propondo-se, desde o início, a fazer perguntas, já que "não temos respostas para a questão da violência", o Prof. Wilmar qualifica a violência como aquilo que ela realmente é: verdadeiro desafio para a consciência moral de nosso tempo, apresentando sua generalização e massificação como um angustiante paradoxo, uma vez que vai de par com o aparente progresso da consciência da humanidade sobre o valor e o respeito à vida.

Constatando que a violência permeia toda a história da humanidade, desde a Antiguidade e chegando aos nossos dias, e que apresenta um rosto multifacetado, em que cabem desde os jogos olímpicos, a tortura, passando pelo genocídio, o terrorismo, o infanticídio e outras variadas formas, o Autor procura evitar desde o início um esquema simplista de compreensão do fenômeno, que oponha maniqueisticamente civilização e barbárie.

Por outro lado, preocupa-se em situar a violência no lugar que lhe é próprio, ou seja: para além dos limites do que é lógico e pensável, no campo do irracional e, por isso mesmo, do perturbador. E neste sentido, faz fronteira com algo que também é impensável filosoficamente e, portanto, também e igualmente, releva do ilógico e do perturbador: o Bem com todos os seus outros nomes (amor, desejo, bondade, etc.)

Mergulhando de cheio no pensamento hegeliano e, apoiado nele, decidindo-se então a "pensar o impensável", fazendo-lhe violência por sua vez, o Prof. Wilmar desemboca no dilema da filosofia contemporânea, trazendo à superfície os impasses próprios de uma ética que, movendo-se entre a razão idealista e a tecnociência, não vai dar conta de cruzamentos tão importantes e fundamentais como o do destino da natureza com o destino do humano; entre o princípio de que tudo que percebemos é construído por nós mesmos e o trágico fato de ter de lidar ao mesmo tempo com a própria potência e fragilidade.

Seres "de imensa clareza e de grande obscuridade", os seres humanos vêem seu imaginário poder e suas potencialidades de hegemonia e violência duramente enquadradas enquanto objeto de sua responsabilidade. Uma responsabilidade que atravessa de ponta a ponta sua liberdade e os obriga a procurar outras respostas e saídas aos problemas que por um lado lhes vêm ao encontro, mas que por outro lado são fruto não isento de veneno de suas próprias entranhas.

O rico debate que se seguiu à colocação tão bela e instigante do Prof. Wilmar fez com que o fórum de debates enveredasse por questionamentos e reflexões profundas como: até que ponto a história do humano, da hominização mesma do homem inclui necessariamente a violência? onde e em que nível, na reflexão filosófica sobre uma ética que defronta com a problemática da violência, podem e devem entrar o diálogo e a perspectiva que permitem compreender o ser humano como ser de alteridade e de relação? até onde essa alteridade e relacionalidade constitutivas do humano romperiam a tendência afirmativa da filosofia moderna de se centrar sobre o indivíduo e sua imposição ao outro? em que momento a relacionalidade toma consciência de sua assimetria constitutiva e se torna então perdão, dom desinteressado, gratuidade sem retorno, misericórdia que substitui o sacrifício?

A evolução do debate em meio a todas estas profundas questões colocou, iluminando a reflexão, a possibilidade real de uma ética fundada exatamente nessa articulação de amor e verdade, criadora de liberdade e justiça e portanto possibilitadora da paz. Uma ética construtiva e não puramente estática, de respeito a direitos individuais ou, então, destrutiva e suicida. Uma ética, então, que abre caminho ao "ethos" do amor e deixa livre caminho à palavra da teologia. Caminho esse que tem a ver com a compreensão do ser humano como ser provisório e de passagem.

Ser "pático", de paixão, e ser pascal, de passagem, o ser humano não é chamado a construir sua sabedoria e sua ética enquanto "ciência do mal". E a violência que aflige e dizima nossas sociedades hoje é convocada a defrontar, para decifrar seus próprios enigmas, com uma "ontologia relacional" que inverte as equações e cria, a partir do ilógico do amor, uma nova lógica.

A NÃO-VIOLÊNCIA E O DESARMAMENTO DOS ESPÍRITOS: CAMINHO POSSÍVEL

A palavra da teologia veio ao centro do debate na exposição do Prof. Frei Luiz Carlos Susin. Tomando seu título da bem-aventurança dos mansos (por ele chamados "os suaves") que, no dizer de Jesus, "herdarão a terra", o Prof. Susin começa sua exposição definindo teologicamente o ser humano como um ser vocacionado e missionado (enviado) para a paz.

A constatação da existência de todo um primado da paz na Sagrada Escritura e na tradição cristã, assim como na construção de qualquer antropologia de corte cristão, será o veio principal da reflexão, que permitirá analisar a questão do surgimento, em meio a uma humanidade vocacionada para a paz, dos conflitos, do pecado, do mal, enfim.

Denunciando por um lado o pacifismo irênico, que pretende construir uma paz enganosa, que não traz em si a marca da violência, assim como os extravios que a violência traz e que levam o ser humano a não se manter na diferenciação do animal que ronda dentro de si ou à sua porta e sufoca o Espírito, sopro divino que lhe anima o corpo com desejo, aspiração, sentido e significado, sem submetê-lo à escravidão da necessidade, o Autor detém-se sobre uma tipologia da violência que vai ajudar a uma mais profunda compreensão do leitor.

Violência idolátrica e sacrificial, totalizante, que justifica desde a subserviência até o assassinato e o genocídio e faz do homem lobo do homem; violência institucionalizada, diferenciada, que legitima princípios como a lei do mais forte, a divisão para reinar e a volta ao caos; o fato é que o ser humano vive hoje uma paradoxal sacralização secularizada que erige também a violência a um "status" sacral.

O castigo, que é considerado pelo autor em termos de indagação pela pertinência de sua proporcionalidade, vai ser tratado pelo Prof. Susin, novamente com recurso à Escritura e à tradição cristã, como uma "pedagogia" de Deus, que encontraria sua origem e sua fonte no amor que é o próprio Deus.

Nessa concepção, o castigo perderia sua identidade vulgarmente chamada de "violência merecida" e entraria na chave da gratuidade que permite o aventurar-se pelos caminhos da superação da punição e da não-violência. Os atributos divinos da piedade, da compaixão e da misericórdia, que supõem a dimensão de vulnerabilidade e compaixão do próprio Deus, vão fazer outras associações com o dado inelutável do sofrimento humano. Não mais violência por violência, não mais paridade de reação e retribuição. Não mais méritos que retribuem sacrifícios feitos a uma divindade ávida por reparação. Mas gratuidade e misericórdia que fazem rimar sofrimento com fecundidade, com geração e parturição de vida nova; e, além disso e sobretudo, mansidão e paciência que aceitam o déficit e a perda, vivendo a misericórdia para além e por sobre a eqüidade, abolindo o sacrifício e instituindo um perdão que não termina e que se dá a toda prova e contra toda condenação.

Parece ser que a paz evangélica, no texto do Prof. Susin, passa pela situação da violência, e dela triunfa, sem vítimas, fazendo alianças progressivas e cada vez mais inclusivas. Nelas, não apenas as vítimas são redimidas e salvas, mas também e até os algozes, os carrascos, os elementos, enfim, causadores mesmo da violência.

Fruto de um caminho trabalhoso e muitas vezes doloroso, uma cultura da paz é fruto da liberdade que exige a responsabilidade; e só pode florescer no cultivo da diferença e da pluralidade aceitas e partilhadas; no dinamismo de um crescimento ininterrupto onde "o excesso do Espírito possibilita herdar suavemente a terra como cidade habitável".

O debate que se seguiu a essa magnífica exposição trouxe questões candentes e vitais para o tema da violência. Questões que muitas vezes se articularam em termos de contraposições fundamentais: paz gratuita ou paz estratégica? equilíbrio de forças e balança de poder ou misericórdia que passa além desta equação e mergulha inclusive na perda consciente a fim de que a paz se torne uma realidade possível?

Transitando por questões complexas e fascinantes como o reencantamento do mal, as patologias de um redespertar religioso selvagem, a necessidade de exorcizar o cristianismo de uma marca sacrificialista que marcou muitas gerações e que de uma certa maneira sacralizava um certo tipo de violência, a discussão foi se enveredando cada vez mais, a partir sobretudo da posição do expositor, para a constatação da necessidade de um excesso de misericórdia para resgatar a violência que se possa, mesmo estrategicamente, cometer; e para romper e interromper a espiral de violência que de outra maneira só cresce desordenadamente.

Nesse sentido, a colocação final, *Não-violência no Brasil contemporâneo. O desarmamento dos espíritos,* do Prof. Pierre Sanchis, por ele mesmo qualificada como uma meditação, vem trazer um fecho belo e fecundo ao trabalho do nosso seminário.

Conceituando de saída a não-violência como administração e regulação de uma dimensão não contornável da vida social numa sociedade saturada de violência, o Autor procura, em sua reflexão, articular política e mística sem reduzir uma à outra. Ou seja, manter e defender a tese de que as pistas de solução que apresenta se sustentam, para seu próprio realismo, em "outro" desarmamento, o desarmamento espiritual.

Inicialmente, o Prof. Sanchis coloca desarmamento dos espíritos como cultivo de valores como civilidade e civilização. Algo que faça com que o espaço público (a rua, a casa) não continue à mercê das armas particulares, que deveriam deixar de ser mediadoras das relações sociais.

Para tal, continua o Autor, a sociedade civil não pode aceitar receber somente de um Estado sua cidadania, mas buscar práticas oriundas dos espaços populares mesmo para inventar práticas de paz. Para tal, é preciso buscar o nível mais fundamental na dialética Estado-sociedade, até o registro da utopia radical que se expressa em coisas como a festa, abrangente e inclusiva, que faz o incondicionado intervir no tempo, descontinuando práticas violentas, entre outras.

Porém não só de instituições vive o desarmamento dos espíritos, mas também de uma atitude de fundo que implica tornar abertas e permeáveis a identidade própria de cada um para permitir a existência à alteridade do outro, permitir à diferença encontrar cidadania em meio à convivência humana. Atitude, portanto, de escuta sistemática, de esforço educativo, de reconhecimento da alteridade.

Mergulhando "mais fundo na utopia", o Prof. Sanchis não resiste à evocação de uma figura histórica bem brasileira que poderia simbolizar com felicidade o sonho de construção de uma sociedade em paz: a figura do Beato, não-violento por excelência, reunindo em sua pessoa e missão elementos indispensáveis à não-violência: itinerância, ouvido atento, pólo de poder alternativo ao da instituição oficial, autoridade baseada sobre os valores que encarna. Buscar um equivalente contemporâneo desta "vocação" popular do Beato poderia ser um início de busca concreta de um real desarmamento dos espíritos? — eis o desafio que o Prof. Pierre Sanchis deixa como reflexão após sua brilhante exposição.

O debate final do seminário trouxe novas questões que, abertas, só deixam patente que o caminho apenas começa a ser trilhado, restando ainda quase tudo por fazer. A questão da institucionalidade democrática como caminho de não-violência voltou a ser colocada; a volta ao selvagem como o outro, o diferente e que empalma de certa maneira com a figura do beato também.

Pareceu claro que o caminho para a não-violência e o desarmamento dos espíritos não se faz nem se encontra por uma via de solução totalizante. A chave está em algo que se situa em outro nível: no espírito, que de certa forma relativiza (sem anular) os caminhos formais de institucionalidade para uma construção social determinada. A convicção de que o político não deve ser recusado na busca de soluções, mas o reconhecimento também, por outra parte, de que o político não se esgota nas formas políticas que foram teorizadas e concretizadas na história da humanidade abre pistas que passam além do político.

Permaneceu no ar uma convicção de que a instituição é necessária e a própria Igreja, desde os primórdios de sua existência, é chamada a viver fecundamente a tensão dialética entre carisma e espírito e instituição ou espessura da estrutura. Da colocação do Prof. Pierre Sanchis, no entanto, fica a sensação, a partir da fascinante figura do beato, de que há um segredo sussurrado nos ouvidos de todos aqueles que desejam dar suas vidas para lutar contra a violência e tornar o desarmamento possível: "quem desarma é o Espírito". E de nada servem as mais sofisticadas instituições se este Espírito não estiver presente, com seu sopro de vida, levantando ossos secos, engravidando virgens, criando mundos, transformando desertos em jardins, fazendo acontecer a vida em plenitude ali onde seria impossível às pobres forças humanas.

Esta convicção que a todos os membros do seminário encantou no final independeu de uma filiação confessional qualquer, porque se trata de um Espírito plural e pluralizante, que não só desarma, mas ama a diferença e a faz acontecer e conviver.

Como atividade final, o seminário apresentou depoimentos e testemunhos por parte dos representantes de vários grupos presentes: o Viva Rio, o Centro Loyola de Fé e Cultura, que organizava nesse momento a Romaria contra a violência; o grupo de pesquisa do ISER sobre violência contra a mulher e os educadores de rua. Seus testemunhos foram a prova real de que a luta se faz e caminha, com todas as dificuldades e ambigüidades que lhe são inerentes. Suas palavras que respaldam sua prática deixaram um tom de esperança no ar.

REFLEXÕES DE UMA TEÓLOGA

A experiência de participar e coordenar um seminário como este me obriga a dizer algumas palavras finais, já num tempo posterior e num lugar exterior ao próprio evento. Faço-o sem a pretensão de "acrescentar" coisa alguma ao que já foi tão brilhantemente dito nos textos que o leitor aqui encontrará, mas sobretudo no sentido de não renunciar a qualquer espaço de militância que se apresente para tratar deste tema que todos nos mobiliza no Brasil de hoje.

E falo desde o ponto de vista da fé que procura fazer-se teologia, por ser o único que conheço mais ou menos razoavelmente, e por ser aquele no qual creio como possível de trazer vida e paz aonde a morte e a violência parecem ter a última palavra.

Se há alguma coisa que emerge com força e brilho dos textos bíblicos, é a questão da sacralidade absoluta de toda vida humana. Todo atentado contra a vida, Deus o entende como violência contra ele próprio. Longe de mostrar um Deus edulcorado e impassível diante das tragédias humanas, mostra, no entanto, um Deus que não é mimético do homem, mas que exerce seus juízos para além dos parâmetros da justiça humana. Sua justiça é inseparável de seu afeto e sua paixão.

Essa divina paixão faz o Deus bíblico não estar isento e protegido da violência que enche a terra, mas a ela estar exposto e sofrê-la. Se isso já aparece no Antigo Testamento, com quanto mais força no Novo Testamento, onde o Filho de Deus é chamado "Cordeiro" que tira os pecados do mundo e faz brilhar seu poder na impotência máxima da Cruz, aonde o conduziram seu amor e fidelidade.

Independente de qualquer filiação confessional, existe uma interpelação ética não-violenta que se depreende do Cristianismo e que pode ser uma palavra iluminadora entre outras no esforço que hoje é feito para lidar com o dragão da violência. Conhecer a força, mas recusar a submeter-se a seu domínio; amar mesmo em meio ao conflito e ao desamor, mesmo quando o amor parece impossível; tomar sobre si mesmo o fardo do mal e da violência, redimindo-os a partir da paixão por eles desencadeada no meio do mundo criado por Deus para a paz e a vida são alguns desafios que continuam a dizer-nos hoje — candidatos a "beatos" nesta sociedade fragmentada e enlouquecida — o que foi dito a tantos homens e mulheres ao longo da história da humanidade que acreditaram na paz e na esperança em meio ao furacão da violência e do desespero. Possam eles e elas serem nossos inspiradores na luta sem quartel da qual este seminário é apenas um ponto de passagem.

MARIA CLARA LUCCHETTI BINGEMER

(ORGS.)

O retrato da violência

O TRÁFICO DE COCAÍNA COLÔMBIA-EUA
Esboços de uma logística do crime [1]

Follow the money

*Conselho do informante Deep Throat para os jornalistas
Woodward e Bernstein quando investigavam o Caso Watergate.*

DOMÍCIO PROENÇA JÚNIOR
COPPE/UFRJ
AGOSTO 1994

Este memorando delineia, de forma exploratória, a dinâmica do tráfico de cocaína entre a Colômbia e os Estados Unidos da América. Este recorte particular e limitado serve como marco referencial pelo qual se possa refletir sobre a questão do crime organizado em torno do tráfico de drogas e da viabilização da violência letal criminosa em nossos tempos.

É pertinente que se enfatize o seu caráter exploratório, que permite apenas esboçar alguns dos aspectos da logística associada a este tipo de crime. Seu foco é o de oferecer um panorama informativo centrado na viabilização material do poder e violência criminal, que admite analogia com o processo logístico do campo de estudos estratégicos. Homens, armas, bens, influência e informação decorrem da disponibilidade de recursos, tradutível em disponibilidade de dinheiro. Daí a centralidade que se

---

1. Gostaria de agradecer à Biblioteca do *United States Information Service* — USIS no Consulado Geral dos EUA no Rio de Janeiro por seu auxílio inestimável na confecção deste artigo. Aprecio, igualmente, os comentários e sugestões que recebi a versões anteriores deste texto, especialmente de P. M. Franco.

dá às etapas econômicas do tráfico. Além disso, fazem-se alguns comentários sobre os aspectos políticos, institucionais, funcionais, organizacionais e financeiros do tráfico de drogas em geral e do de cocaína entre a Colômbia e os EUA em particular.

Seu ponto de partida é a percepção de que o tráfico e a violência criminal a ele associada não são um fenômeno inédito nem surpreendente em nossa história. Ao contrário, a emergência de núcleos paralelos de poder, respaldados pela violência, com base em atividades criminais nascidas de oportunidades de sobrelucro, tem marcado a história do Ocidente. O evento mais recente e de mais fácil lembrança é o período da assim chamada Lei Seca, correspondente à proibição do álcool nos EUA (1919-33, pelo ato Volstead e a $18^{\underline{a}}$ Emenda). Deste ponto de vista, se pode tomar o caso Colômbia-EUA como um caso particular e contemporâneo de uma temática mais geral e histórica.

A seleção de um estudo baseado exclusivamente a partir de fontes internacionais reflete duas condições de contorno encadeadas. Inicialmente, inexistem os dados, os sistemas capazes de processar os dados, ou uma capacidade analítica brasileira sobre a questão do tráfico, crime e polícia. Estudos pioneiros como *Soares et allii (vários anos)* e *Milito 1993*, ou ainda as atividades de pesquisa na USP, UERJ, IBASE e ISER são louváveis, mas insuficientes. Neste contexto, o caso do tráfico colombiano de cocaína se apresenta como o mais útil para desdobramentos reflexivos brasileiros, tanto pela vizinhança geográfica quanto pela importância e especificidade da política antidroga dos EUA na região.

A exposição se encontra dividida em três partes: algumas considerações iniciais que enquadram a temática geral das drogas e do tráfico, contextualizando os limites do trabalho; um descritivo panorâmico do tráfico de cocaína e da política antidroga nos EUA; e, finalmente, algumas considerações que sintetizam os prognósticos das alternativas políticas dos EUA ao fim do governo Bush e que delineiam o futuro do tráfico internacional de drogas. Em anexo, apresentam-se uma lista de referências seletas e dois quadros temáticos sintéticos.

I. CONSIDERAÇÕES INICIAIS

1. Generalidades

O crime está sempre em movimento, sempre submerso. Qualquer percepção mais precisa sobre sua dinâmica deriva, invariavelmente, do acesso aos conhecimentos informais e difusos dos que estejam diretamente relacionados com o crime: criminosos ou policiais (*Sutterlin 1989*). As coisas mudam sem aviso. Um excelente exemplo desta dinâmica: até 1992-93, havia confiança de que a virtual totalidade do tráfico de cocaína para os EUA vinha da Colômbia e que a virtual totalidade da exportação colombiana seguia para os EUA. O que se apresenta como uma "superprodução" em 1993-94, associada à predominância do cartel de Cáli sobre o de Medellín, porém, tem sugerido uma expansão considerável do tráfico para a Europa, bem como uma crescente conexão das máfias colombianas com outras máfias internacionais na Ásia e África (*Flynn 1993: 30; 1993b*).

Historicamente, o crime em grande escala admitiu dois pesos e duas medidas, repressão e conivência. Quando se avolumam os ganhos e recursos envolvidos, surgem interesses por sua apropriação e eventual legitimação. Alguns exemplos podem ser úteis.

A pirataria sistemática das colônias espanholas na América nos séculos XV-XVII (alimentada pelo fluxo de ouro e prata saqueado das civilizações inca e asteca) foi um crime internacional inquestionável para a época. Apesar disto, foi transformado num período heróico da história protestante, com seus ganhos sendo, reconhecidamente, uma das componentes individuais mais importantes da consolidação do mundo capitalista-mercantil norte-europeu. Neste processo, tanto piratas "oficiais" (corsários) como Sir Francis Drake, ou "independentes" (*flibusteiros*) como Sir Edward Teach (o Blackbeard) receberam respaldo, reconhecimento e postos honoríficos e de governo dos governos britânico, francês e holandês por suas atividades criminosas. Teach, em particular, comprou o seu perdão em parte pela sua disponibilidade (e eficácia) na eliminação da pirataria das (já então) colônias britânicas no Caribe (*Nofi 1983*).

O mesmo se pode dizer, dentro dos limites, sobre o tráfico de escravos negros, especialmente a partir da repressão britânica ao comércio de escravos em 1807. Negreiros franceses, brasileiros e norte-americanos tiveram sua era de ouro em meados do século XIX. Neste período, contaram com o apoio ostensivo ou discreto dos governos e elites das nações escravagistas. Os fluxos de açúcar e de especiarias tiveram seus momentos de criminalidade, notadamente quando as Províncias Unidas da Holanda se dispuseram a enfrentar o monopólio luso-espanhol da União Ibérica pelas armas e pela pirataria.

A escala de poder que o tráfico deu aos narcotraficantes, o caos resultante da existência de um núcleo de poder criminal e os efeitos corruptores dos volumes financeiros envolvidos sugerem a mais de um autor contemporâneo que a questão não é tanto **se** mas quando os ganhos do tráfico serão aceitos como legítimos em troca da cessação de suas atividades ou no contexto de uma legalização de drogas (Veja-se, por exemplo, *Lyman & Potter 1991* ou *Kane 1992*).

Neste sentido, o resultado de uma proibição numa sociedade de mercadores-consumidores é inescapável: o sobrelucro do fornecimento deflagra a emergência de um sistema informal para o atendimento da demanda proscrita. Se a demanda for constante, estabelece-se um núcleo de poder paralelo, necessário para assegurar o funcionamento da economia informal. O uso das drogas cria simpatizantes, indiferentes e opositores dentro das sociedades. Há espaço para corrupção do sistema punitivo, emergem oportunidades de lavagem dos ganhos ilícitos, firmam-se vínculos e dependências. Configura-se um núcleo de influência ilegal. O tempo empresta a força do hábito e da constância a estas iniciativas. Surge um núcleo de poder paralelo neste mundo informal que, por definição, só pode dispor da violência pessoal, direta e letal como ferramenta coercitiva. A sua natureza informal, fora dos mecanismos sociais de recompensa e punição, assim o exige. Compram-se armas para punir e para defender o sobrelucro, polícias próprias pagas pelo sobrelucro nascido do proibido. A violência letal se torna barata, fácil, familiar, corriqueira. O crime sofre os efeitos da disponibilidade de recursos, escala e escopo que o atendimento da demanda proibida propicia. Vicejam organizações criminosas, que ganham em influência e poder. Regiões inteiras, e mesmo cidades e países, são paralisadas pela dinâmica de conflito entre as diversas organizações criminais, pelo efeito corrosivo da corrupção que se constitui em torno do tráfico ilegal. Mais de um Estado vê seus interesses na continuidade do tráfico, independentemente das conseqüências ou das censuras possíveis (*Wilson 1990*: cap. 1-2). Com este entendimento, só a distância distingue a pirataria de 1792 do tráfico de escravos de 1882, do de álcool de 1932 ou do de cocaína de 1992.

2. Drogas nos EUA: uso e repressão

Os EUA, como todas as sociedades, convivem com o uso e a repressão ao uso das drogas. Por um lado, há drogas que oferecem oportunidade de maximização dos potenciais humanos: para o trabalho, para o lazer, para o autoconhecimento. O desejo por drogas capazes de adequar a energia e atitude pessoal ao contexto cala fundo na sociedade americana. É a sociedade que irá arbitrar quais drogas serão familiares e legais como o álcool, o café, os repressores de apetite, os calmantes e o tabaco e quais as ilegais, como a maconha, a cocaína, o LSD (*Musto 1991*: 20-21; 27). A estas se somam aquelas substâncias que se encontram em processo de percepção, independentemente de sua natureza ou *status* atual, como Prozak e muitas das *designer drugs*.

Argumentos variados têm sido levantados contra as drogas em geral e contra diversas drogas em particular. A cocaína foi uma droga extremamente popular em fins do século XIX, usualmente como parte de receita de tônicos ou elixires. A história de sua proibição é marcada por argumentos societais, médicos e pseudo-raciais numa mistura complexa e nada objetiva. A proibição da venda e posse de cocaína nos EUA em 1917 foi controversa; para ser proibida, teve de ser enquadrada, com evidente má-fé, entre os entorpecentes opiácios, em meio a uma campanha propagandística que a associava, entre outras coisas, à violência inter-racial (*Musto 1991*: 24-26). A história da proibição do álcool é um outro exemplo, com permissão, proibição e liberação se sucedendo em menos de quarenta anos; talvez a onda antitabagista atual nos EUA seja o início de mais outro caso.

A saga da proibição do álcool é um caso instigante. Motivações de inspiração moral, articuladas com desejos puritanos de um modelo de relação entre Estado e sociedade numa situação de crise econômica e guerra. A proibição nasceu de movimentos puritanos do século XIX, sendo aprovada gradualmente em estados e municípios, até a sua consolidação numa emenda constitucional controversa, polêmica e impopular. Foi a combinação da percepção do caos resultante (com a emergência de núcleos criminais dos gangsters álcool-traficantes com forte poder político, controlando, por exemplo, os sindicatos e as máquinas políticas municipais) e um mínimo de bom senso (Como manter uma lei que não é considerada e que, portanto, criminaliza 2/3 da população adulta? Como manter uma lei que ampara a violência policial dimensionada contra os gangsters contra meros consumidores? Acabaram por derrubar o ato Volstead e a 18ª emenda. A década de 60, com seu conteúdo contestatório e inovador, e a década de 80, com sua resposta conservadora e repressora, apenas retomaram esta tradição (*Wilson 1990*; para uma leitura pró-lei seca, *Gold 1991*).

Não é claro por que o primeiro governo Reagan tomou a si a questão das drogas como uma de suas principais linhas de política. Sem dúvida que o conservadorismo dos republicanos da Califórnia, a reação aos "excessos" da década de 60, o moralismo de inspiração protestante puritana exacerbado e o desejo de uma ação de alta visibilidade no cenário doméstico se somaram. É fascinante perceber como a política da "Guerra às Drogas", espelho de autopurificação da luta contra o Comunismo, foi moldada pelos fatos (*Lee 1990*: 499 e seguintes; *Perl 1990*; para a imagem, *Hogan 1990*).

Logo (1983-4) se tornou evidente que não havia espaço para uma repressão interna contra os consumidores: nem a população, nem a polícia, nem o judiciário poderiam dar conta de um esforço de punição de 10-20% da população dos EUA. Houve grande frustração entre os agentes da lei e os políticos pró-controle da droga quando os jurados optavam por ignorar provas em lugar de punir no rigor da lei jovens usuários de drogas. Ficou igualmente claro que reprimir as fontes da heróina era embaraçar a viabilidade de importantes aliados na luta anti-soviética: Afeganistão, Paquistão, Laos, Turquia. Ficou igualmente claro que era difícil reprimir as fontes domésticas de drogas (maconha e *designer drugs*), até porque muitos governos estaduais e zonas metropolitanas não viam com bons olhos ações federais em suas esferas e competências e/ou discordavam da abordagem repressora-punitiva da política republicana (*Lee 199*: 170 e seguintes; especialmente, para a questão social-política, *Stanley 1992*: prefácio, 72-76 e conclusões).

3. A cocaína como centro da questão das drogas

Restava a cocaína. O consumo era uma frente de difícil atuação — a cocaína aspirada se identificou com uma das bases eleitorais de Reagan, os *yuppies*. Era uma equação política complexa direcionar prioritariamente a punição contra o mundo conservador do business "acelerado" da década de 80. A questão da guerra às drogas, originariamente uma opção de política social e doméstica, se tornou cada vez mais um esforço propagandístico de persuasão pessoal e moral nos EUA, da qual se fala mais adiante. Externamente, os limites de ação que induziram à prioridade contra a cocaína era sinônimo de prioridade para a América Latina, em especial a Colômbia. Demorou algum tempo para que se percebesse que as nações produtoras na América Latina não queriam (mais tarde se veria, não podiam) impedir o plantio da coca em nome dos desejos de Washington (*Lee 1989*).

Já em meados da década de 80 verificou-se que realmente apenas se podia pensar num esforço de interdição ao tráfico na entrada nos EUA. E a guerra às drogas acabou sendo basicamente um esforço de bloqueio do tráfico (Há vários textos nas referências: *Rhea 1992, FBI 1991, Sharpe 1989*; o melhor é o de *Staley 1992*; o mais recente é o de *Serrill 1994*).

Neste contexto, o tráfico de cocaína cresceu em importância e visibilidade. Da dificuldade da operacionalização da iniciativa de bloqueio nasceram propostas de intervenção crescente na vida de nações como a Bolívia, o Peru e a Colômbia. Até o ponto em que reais problemas nasceram na política norte-americana para com os países andinos, em seu desejo de cessar o tráfico da cocaína pela destruição das fontes de coca (*Perl 1992*).

4. Problemas de dados e estimativas

Há que se considerar, antes que se comece a falar do tráfico, os problemas de se trabalhar com estimativas e partes de estimativas, que são a regra do estudo de uma questão tão submersa e polarizada quanto o crime e drogas. Dois elementos críticos, contingentes de pessoas e produção de drogas, não são confiáveis ou verificáveis, mas nascem de adivinhas bem-educados, sendo ocasionalmente vítimas de esforços deliberados de propaganda (este não é um fenômeno isolado no mundo das drogas; o mau uso de estatísticas no mundo moderno é bem mais geral; veja-se *Adler 1994*).

A maioria dos dados populacionais que vinculam uso, crime e drogas é resultado de pesquisas voluntárias, questionários anônimos; o registro de laudos, prisões e condenações; e do palpite bem-informado de especialistas na área. Há vieses evidentes em muitos destes levantamentos, mas muitas vezes há pouca alternativa a não ser utilizá-los de forma qualificada. Mas esta é uma base pouco confiável. Os erros indutivos são os piores.

Um exemplo: é comum que se atribua "70%" dos crimes como ligados a drogas. Por um lado, existiam dados sociológicos na década de 70 que afirmavam que uma percentagem limitada dos criminosos na cadeia haviam cometido a maior parte dos crimes registrados. Se um criminoso com dezenas de crimes fosse registrado com apenas um envolvimento em drogas, todos seus crimes poderiam ser contabilizados como conexos às drogas. Modernamente, a ênfase no combate às drogas, prioridade das polícias desde meados da década de 80, viesa para além do resgate os dados sobre crime baseados em internos das cadeias. Já quase não se investigam crimes corriqueiros como o roubo de carros em zonas metropolitanas, por exemplo. Por outro lado, o volume de dinheiro ilegal é hoje principalmente o do tráfico de drogas e, cedo ou tarde, os crimes contra a propriedade deságuam num vínculo com drogas. Além disto, a violência letal deliberada, a forma punitiva do tráfico, infla os crimes contra a vida e viabiliza que haja armas abundantes para outros crimes, que não necessariamente teriam o uso de armas não fosse o vínculo dos envolvidos, em algum nível, com a droga. Por último, há pouca consideração da existência de estilos de vida em que as drogas tenham um papel típico, mas não necessariamente uma causalidade criminosa (*Staley 1992*: 5-24 delineia o problema e decide que não tem solução; *Adler 1994* para a questão da politização da informação).

A estimativa dos volumes de droga e dos recursos envolvidos em termos de dinheiro é bastante precária. No caso da cocaína, o dado inicial crítico é o volume de produção anual. As agências envolvidas utilizam como base as fotos e levantamentos dos campos de produção de folha de coca (com uma dada taxa de produção por hectare) a partir da qual se articulam as taxas de produção da cocaína. Os EUA usam 2400 kg/hectare e 500 kg de folha de coca para 1 kg de cocaína. Mas há controvérsias: os governos andinos usam produções por hectare semelhantes, mas proporções de 300:1 ou 350:1; há poucos estudos sobre melhora de produção ou safras que possam ter produzido colheitas de 250:1, por exemplo. Uma margem potencial máxima de 100% de erro na estimativa global, nada desprezível. **Daí pode haver uma imensa variação na estimativa da cocaína anualmente produzida de onde decorrem todas as cifras subseqüentes.**

Isto sem levar em conta outras dificuldades: a certeza das áreas levantadas (usualmente do ar ou por satélites), os problemas de cultivos cruzados (coca "sob" outra plantação) e falta de levantamento em áreas desconhecidas, que podem complexificar consideravelmente a questão. A imprecisão cumulativa que daí decorre é evidente, tanto na segmentação das atividades dos cartéis, que atuam ao longo de toda a rede, quanto na imprecisão e alocação de pedaços do volume exportado. A isto ainda se somam os recortes de pesquisadores e agências individuais na atribuição estimativa de preços e cotas da cocaína vendida na "Europa" e "América Latina", "EUA no atacado" e "EUA no varejo" para a conversão da cocaína em dólares, o que torna a questão de dados finais ainda mais espinhosa e sujeita a juízos e opiniões. De fato, a produção de 1993 pode ser relatada como de 1200 t (*Flynn 1993*: 34) ou 700 t (*Serrill 1994*: 14), ambos citando como fonte primeira estimativa de oficiais da repressão ao tóxico.

Para drogas como o ópio/heroína, provenientes de zonas conflagradas como o Afeganistão ou de difícil acesso como o Levante; ou para drogas domésticas como o PCP e o LSD, feitas em laboratórios nos próprios EUA, levantamentos de produção são ainda mais difíceis (*Lee 1991:* 34-36, mas não há solução). O envolvimento dos cartéis colombianos com o tráfico de maconha e heroína, cada vez mais relatado em reportagens, complexifica ainda mais um quadro já pouco confiável (*Serrill 1994*).

5. O tráfico mundial de drogas

Antes de detalhar a dinâmica atual do tráfico de cocaína, é oportuno que se ganhe alguma percepção sobre seu tamanho e significado potenciais. As estimativas atribuem ao tráfico de drogas internacional a dimensão de US$ 500 bilhões por ano; quase certamente um sobredimensionamento do volume verdadeiramente envolvido. Uma cifra que poderia ser comparada com outras, mais familiares e perceptíveis: mais que toda a indústria de informática mundial (US$ 200-300 bilhões ao ano), 10% do PIB anual dos EUA na década de 90, maior que o PIB anual do Brasil. Destes US$ 500 bilhões, estimam-se que 60%, ou US$ 300 bilhões, vêm do bolso dos consumidores norte-americanos, principais usuários de drogas em todo o mundo. A cocaína representaria 1/3 deste mercado, com estimados US$ 100 bilhões anuais. Uma despesa anual em dinheiro vivo — cash — comparável à dívida externa brasileira. Até 1993, este fluxo seguia para os traficantes de cocaína, articulados em torno dos cartéis colombianos, com um lucro estimado de US$ 5-10 bilhões anuais (*Flynn 1993*: 32-3).

6. A especificidade da Colômbia como centro do tráfico de cocaína

A Colômbia se tornou o centro do tráfico de cocaína para os EUA e manteve esta posição por diversos motivos particulares. Em primeiro lugar, a posição da Colômbia, com acesso fácil tanto ao Pacífico quanto ao Caribe e daí ao Atlântico, viabilizava uma grande quantidade de rotas para a passagem até os EUA. Seguindo rotas das mais movimentadas, o tráfico praticamente desaparecia no tráfego usual de centenas a milhares de barcos e aeronaves por dia, tornando uma ação de patrulhamento e inspeção totalmente impossível. Além disto, havia diversas componentes a mais (*Thuomi 1993*: 37-3).

A Colômbia tinha uma tradição secular de contrabando exportador, com contatos, hábitos e tolerância históricas a este tipo de atividade. A presença do Estado nacional era tênue: há extrema segmentação e isolamento das províncias que compõem a Colômbia e as dores de uma história recente de divisão e violência. Entre meados da década de 40 e meados da de 60 a Colômbia atravessou uma violenta guerra civil não declarada, *La Violencia*. Neste período, morreram de 2 a 3% da população e teve lugar um maciço movimento de refugiados para os EUA. A virtual dissolução do Estado colombiano reforçou a tendência de autonomia e isolamento das províncias e estabeleceu um patamar de descontrole e de violência letal endêmica sem precedentes na América Latina (*Thuomi 1993*: 40-55).

Quando o tráfico de cocaína se tornou um negócio lucrativo em meados da década de 70, os colombianos dispunham de uma palheta de hábitos, saberes e recursos que lhes permitiram estabelecer um controle até hoje inquestionado de todo o fluxo da cocaína desde as fontes até o atacado nos EUA. Estes hábitos reforçaram o nível de violência do tráfico de drogas e os cartéis colombianos, especialmente o de Medellín, se tornaram conhecidos por um nível de violência (e uma disponibilidade para violência) muitas vezes contraproducente. Se inicialmente esta sobreviolência foi efetiva como ferramenta de terror, logo seus concorrentes e oponentes passaram a retrucar na mesma moeda. Em inícios da década de 90, o efeito da violência colombiana podia ser evidenciado em passagens como a mudança do calibre padrão do FBI usado pelos civis — 38 para os muito mais letais 10 mm — e pelo uso de coletes à prova de bala pelos oficiais de polícia em quase todos os EUA (*Thuomi 1993*: 51-57).

II. O TRÁFICO DE COCAÍNA E A GUERRA ÀS DROGAS

1. O fluxo geral do tráfico de cocaína

O quadro "Uma Visão Global..." no Anexo 1 sintetiza o processo e os movimentos do tráfico de cocaína entre a Colômbia e os EUA, desde os consumidores até os plantadores de folha de coca. Permite compreender de forma analítica a logística geral do processo em termos da transformação das folhas de coca em cocaína e seu processamento químico e transporte. Indica ainda a variação dos preços de compra e venda em cada estágio e uma estimativa de margens de lucro possíveis por um "multiplicador" que relaciona os preços a cada estágio do processo. Contém, ainda, alguns recortes adicionais e apresenta estimativas dos contingentes de pessoal envolvidos. Trata-se de um esboço impreciso e incompleto, mas de alguma utilidade. O quadro é em grande parte auto-explicativo, mas alguns pontos merecem comentário.

O primeiro é óbvio, mas pode ser esquecido: todo o dinheiro do processo vem dos consumidores finais que, afinal, são a causa e o propósito da coisa toda. Este consumo é concentrado, com a estimativa de que os *heavy users*, 400 mil pessoas (lembremo-nos do problema das estimativas...), consomem aproximadamente 50% da cocaína que chega a ponta da distribuição (idem...). Isto se traduz, em 1987, em 250 gr/ano per capita de cocaína 100% (1250 gr/ano per capita a 19%) o equivalente a US$ 35K anuais. Isto certamente nos diz alguma coisa sobre a renda necessária para o consumo de cocaína, bem como sobre a afluência média dos *heavy users* para que o mercado tenha permanecido estável (crescente) por quase 20 anos. É difícil crer neste dado para a década de 90, a menos que neste caso os *heavy users* partilhem suas 1500 g/ano (a 100%) com outros usuários (*Staley 1992*: cap. 1 e conclusões).

Isto permite encadear uma leitura superficial mais ampla sobre as possibilidades de ganho e volume do tráfico. Os resultados finais da margem potencial e do volume de lucro deste estudo são incompletos e não-defensáveis metodologicamente. Não há conhecimento dos custos envolvidos nem dos volumes de venda concretamente realizados pelo tráfico. Mesmo assim, estes delineamentos implicam alguns prognósticos fáceis, que são retornados nas considerações finais.

Com potenciais multiplicadores de **279900%** em 1987 e **35900%** em 1991, **o tráfico de cocaína para os EUA pode ser um dos melhores negócios da história**. Mas desafia uma comparação fácil ou segura com outros negócios históricos. Se desconhece o investimento, os custos ou as margens em cada estágio do processo, ou mesmo o retorno final para um dado investimento. Ainda assim, algumas cifras comparativas podem ajudar a entender a dimensão potencial máxima do problema.

Em seu limite, o tráfico de escravos e a pirataria podem ser tomados como balizas do crime e do tráfico em larga escala.

Em termos de escravatura, os **109900%** de retorno-sobre-investimento (ROI) da passagem do *Southern Star* em 1863 da África até o sul dos EUA podem ser um máximo do retorno deste tipo de atividade. Tratou-se de uma das primeiras e mais rápidas passagens de um negreiro moderno, com elevada sobrevivência dos escravos transportados e sobrevalorização nascida do bloqueio britânico e da União do Sul Secessionista. Em termos de pirataria, os estimados **72627%** de ROI da expedição de Drake ao Panamá em 1581, o primeiro saque à riquíssima cidade do Panamá, pode ser tomado como o máximo da pirataria. Uma expedição que contou com acionistas tão ilustres quanto a coroa britânica, e cotizou os 16 milhões de libras de ouro trazidos por Drake em troca das 22 mil libras de investimento inicial. Que dizer do tráfico de álcool, com míseros **1000%** (estimativa do ROI de Al Capone no "negócio da bebida", fins da década de 20)? (*Wilson 1990* serve para uma perspectiva geral e o negócio da bebida; *Nofi 1983* para os dados históricos). Evidentemente, o multiplicador não corresponde à margem ou ao ROI do tráfico, mas mesmo assim estas cifras permitem delinear uma ordem de grandeza do problema.

Por outro lado, as estimativas otimistas da "queda do tráfico" pela queda do preço são ingênuas e açodadas (*Gold 1991*: apresentação). Houve um incremento considerável no volume de cocaína envolvido no tráfico: de 250 t em 1980 para 420 t em 1987 e 1200 t em 1994. Note-se que este incremento no volume aponta inequivocamente para a estabilidade no faturamento (em torno de **US$ 100 bilhões anuais nos últimos dez a doze anos**) apesar da marcada queda de preços: de US$ 140/g (19%) no varejo em 1987 para US$ 80/g (55%) em 1994. (*Lee 1991*: 30-31, *Lyman & Potter 1992*: 77, *Flynn 1993*: 30-33 a montagem dos dados e a conclusão são minhas — DPJ).

O segundo ponto de interesse é que as fontes permitem estimar o número e a renda média de traficantes de rua/varejistas, com base em estudos realizados na região de Washington DC. Nestes estudos, se verificou que a decisão de entrar no tráfico tem duas componentes importantes. A primeira é que o salário-hora equivalente que leva ao tráfico é da ordem de US$ 30/h (um jovem negro não-qualificado, o traficante em 80% dos casos, pode esperar um ganho médio de US$ 5/h). A segunda é que, ponderando os riscos, os períodos de cadeia, etc, um traficante estaria "compensado" com uma renda de **US$ 42 000/ano** (*Staley 1992*: cap. 3).

Ou seja, um faturamento global, supondo uma margem de lucro de **60%, de US$ 32 000/ano: um único heavy user viabiliza, na média, um traficante**. Qualquer tráfico adicional é "puro lucro". Nos estudos de Washington, há poucos traficantes em tempo integral: a maioria tem um salário e um emprego formal, da ordem de **US$ 10 000** a **US$ 13 000/ano** e o complemento com o tráfico para um ganho médio de **US$ 35 000/ano**. Indo mais adiante, as possibilidades de sobrelucro da redistribuição da droga a 55% das ruas dos grandes centros para os 5-15% das cidades interioranas torna qualquer estimativa do tráfico secundário impossível — e astronômica. Podendo diluir indefinidamente a droga, traficantes interioranos podem conseguir compradores para percentagens minúsculas de cocaína — e, segundo alguns agentes federais operando sob disfarce, até mesmo por placebos (*MacCoun & Reuter 1992*; *Staley 1992* reporta casos fascinantes, inclusive de *teenagers* que nem chegam a usar a droga, fascinados pelo efeito multiplicador de uma simples viagem de ônibus e algumas colheres de leite em pó).

O terceiro ponto é interessante e diz respeito ao cerne do funcionamento do tráfico em termos de sua possível lucratividade. Não há dúvida de que os cartéis lucram; o problema é quanto lucram e até onde estendem sua influência, articulação e poder. Se há um ponto controverso no diagnóstico do tráfico é a extensão da penetração dos cartéis no atacado e, crescentemente, no varejo americano. Apenas recentemente se identificou a existência das células dos cartéis (principalmente, de Cáli) como pontos controladores da distribuição da cocaína nas principais cidades de entrada da droga (Nova Iorque, Los Angeles, Washington, Miami/Tucson), transacionando tanto no atacado (alguns kg) quanto no varejo (centenas/dezenas de g) (*Flynn 1993*). **Isto pode multiplicar a margem de lucro dos cartéis ao eliminar intermediários e sugere que se possa ter feito uma subestimação grosseira do volume de recursos disponível aos cartéis.**

Por outro lado, desde a década de 70 os cartéis têm tido a postura de não coibir e, mesmo, estimular contrabandistas independentes. Por **US$ 2 000** qualquer um pode comprar 1 kg de cocaína 100% pura na Colômbia. O que se pretende fazer com ela não é problema dos cartéis. Esta prática produziu uma nuvem impenetrável de independentes e amadores que são a quase totalidade das partidas apreendidas ou interceptadas. Alguns autores afirmam que as interceptações da cocaína dos grandes cartéis até hoje foram acidentais e representaram uma fração insignificante do fluxo principal. **Os 70-80% dos cartéis têm passado sistematicamente, evitando e resistindo a todas as tentativas de controle** (*Flynn 1993*: 33, enfaticamente). Isto porque, ao contrário da imagem romântica de pequenos barcos ou aviões, características das operações independentes, há muito os cartéis se utilizam de testas-de-ferro e camuflam o seu grande movimento (800-900 t de cocaína em 1994?) em transações legais (*Flynn 1993 e Lyman & Potter 1992*).

Ainda assim, o negócio é uma tentação constante para os independentes, com o seu risco acobertando os movimentos dos cartéis. O quadro no Anexo 2 sintetiza os ganhos, em 1986, talvez o auge do ganho em termos de margem de lucro do tráfico, da passagem bem-sucedida de um único aeroplano com uma carga de 300 kg de cocaína. Os números falam por si — só o piloto, por 4 horas de vôo, receberia US$ 900 000. Perto de 20 mil aeroplanos seguiam do Caribe para os EUA num fim de semana de verão em 1987. Talvez 50 fossem revistados. Certamente, só os que se tornaram contrabandistas *full time* puderam vir a ser detectados. Não surpreende que tenha havido grande alternância nos que se envolviam neste tipo de crime (*Lee 1991*: 33).

O quarto ponto diz respeito à estrutura e organização dos cartéis colombianos, bem mais conhecidos e visíveis do que se possa imaginar. Um levantamento recente apresenta o seguinte quadro: são quatro os principais cartéis da Colômbia, controlados por não mais que 20 famílias criminais, operando continuamente há, pelo menos, 25 anos. Seus membros, chefes e endereços são razoavelmente bem conhecidos: há álbuns com fotos, mapas e diversos esboços de organogramas e suborganizações — como, aliás, há para o crime organizado dos EUA (Veja-se o raio X funcional de *Lee 1991*: 99 e seguintes para a Colômbia; *Lyman & Potter 1991* para um panorama detalhado do crime organizado nos EUA.)

Os cartéis de Medellín e Cáli dividem entre si de 70 a 80% da cocaína exportada para os EUA. Estes dois cartéis têm cooperado e lutado intermitentemente nos últimos anos, especialmente pelo controle dos portos de entrada nos EUA. Aqui, como mais adiante, se sabe pouco sobre a associação entre os cartéis. Esta é extremamente fluida, ocasionalmente episódica e sempre de difícil detecção.

O acordo anti-seqüestro dos narcotraficantes, o *Muerte A los Sequestradores* (MAS), em operação desde 1981, é uma exceção que confirma a regra — e diz algo sobre os cartéis. Trata-se de um acordo entre todos os traficantes para impedir que quem quer que seja seqüestre parentes dos traficantes por resgate. Sua origem faz pensar. Em 1981, o M-19, guerrilha marxista colombiana, sequestrou a filha de Uchoa, um dos dois chefões de Medellín (o outro era Escobar) e exigiu um resgate milionário. Naquela noite, Uchoa reuniu aproximadamente 250 chefes criminosos e iniciou um acordo de autoproteção que se materializou no dia seguinte. Uma onda de morte liquidou 100 "comunistas" e simpatizantes do M-19 em toda a Colômbia nas 48 horas seguintes. Sua filha foi devolvida ao meio-dia do terceiro dia de seqüestro. Não houve outro seqüestro de parente de narcotraficante (*Lee 1991*: 160 e seguintes).

No total, estima-se em menos de mil o número de pessoas envolvidas no cerne dos cartéis, contabilizando desde as chefias, banqueiros e químicos até os seguranças. Os cartéis têm optado pela posse de um número relativamente pequeno (centenas) de seguranças, freqüentemente ex-militares de potências, e dispendiosos gastos com o mais moderno equipamento e armas. Sua maior força reside, porém, na capacidade de comprar informação, influência e impunidade. A política do *plumbo o plata* — chumbo ou prata, morte ou conivência e ganho, tem sido a política tradicional do contrabando colombiano. É difícil estimar o quanto custa sustentar os informantes e compensar os juízes, policiais, militares, jornalistas, etc. Ainda assim, as estimativas do lucro líquido variam de **US$ 5 a 15** bilhões anuais, talvez **US$ 40-50** bilhões acumulados, que são repartidos por estes poucos e mantidos, em sua maior parte, em abrigos fiscais internacionais (*Lee 1991*: 34-41).

O Cartel de Medellín controla, pelo menos desde 1988, a cidade de Medellín, onde é perigoso ser americano, intrinsecamente suspeito de ser um agente da DEA (*Drug Enforcement Agency*) dos EUA. Os ganhos do cartel eram estimados, em 1989, em **US$ 2 a 5** bilhões/ano. O cartel estava organizado como qualquer empresa, com vínculos claros de subordinação, responsabilidade e controladoria. A DEA pode identificar uma estrutura encadeada de atividades de financiamento e direção por sobre ramos funcionais de produção e distribuição de cocaína lado a lado com serviços especializados na Colômbia; como indícios de uma rede semelhante de controle desdobrado em suprimento, distribuição e serviços nos EUA. O cartel de Medellín tinha um perfil alto, violento e foi objeto de um esforço concentrado de repressão desde fins da década de 80 até a de 90. Em parte, a organização de Medellín, com inspetores itinerantes, diretores regionais e funcionais, teria absorvido o choque até mesmo da morte de Escobar. Mas é inegável que o cartel de Medellín cedeu lugar ao cartel de Cáli como principal cartel da Colômbia (*Lee 1991*: O Cartel de Medellín, *Lyman & Potter 1991*: 225-27).

O cartel de Cáli sempre foi importante. Pode crescer e aprender à sombra da sobreconcentração das agências policiais contra Medellín. Expandiu suas bases para as cidades de Cáli, Boaventura e Pereira. A estratégia de Cáli foi a de alianças e especializações, inclusive com os cartéis Norte-Atlântico e de Bogotá. Aprendendo com Medellín, Cáli optou por um deliberado *low-profile* e restrição ao uso de violência midiática. Cáli teria iniciado a tendência de verticalização agressiva e penetrado até o varejo em Washington, Nova Iorque e Los Angeles. Também teria sido Cáli que decidiu pelo abandono da conturbada e deflagrada Miami e pela escolha de Tucson como novo porto de entrada da cocaína pelo Caribe. A organização de Cáli é profissional, competente e quase impenetrável, fruto das duras lições que a DEA ensinou à de Medellín. Muitos negócios "legítimos" só teriam sido detectados como ligados à droga pela vigilância da DEA dos movimentos dos inspetores itinerantes de Cáli (*Lyman & Potter 1991*: 227-31).

Além dos dois grandes, há mais dois cartéis importantes, que têm perfis de atuação bem mais restritos e que são de combate bem mais complicado.

O primeiro é o cartel de Bogotá. Pouco conhecido, mas presente desde a década de 80, Bogotá entrou pelas margens, passando do contrabando de esmeraldas e maconha para os negócios mais rendosos da cocaína e das armas. Segundo a DEA, neste percurso o cartel teve a possibilidade de adquirir uma infiltração mais profunda e ampla nas polícias e no governo colombianos que os outros cartéis, operando quase sem restrição em diversas áreas da Colômbia (*Lyman & Potter 1991*: 231-35).

O segundo é o cartel Norte-Atlântico, que é considerado o menos coeso dos quatro, operando nas cidades costeiras de Cartagena, Barranquilla, Santa Marta e Rio Hacha. Este cartel é bem menos verticalizado que os demais e, de fato, representaria um arranjo de grupos soltos que ofereciam o serviço de contrabando para os grandes cartéis. Bem mais disperso nos EUA (6-8 cidades), este cartel pode ter se especializado no trânsito desde a costa da Colômbia até a costa dos EUA, onde outras organizações encaminham a droga. O que o faz praticamente invisível aos olhos da lei e da mídia (*Lyman & Potter 1991*: 236-8).

Este quadro configura um arranjo multidimensional em que sucessos contra um cartel servem para viabilizar o crescimento de outros; em que a prisão e mesmo operações em escala (não que estas sejam fáceis ou freqüentes) não podem esperar efeitos globais. A morte de Escobar e a prisão de Uchoa são momentos pontuais, midiaticamente bem-sucedidos, mas se pode questionar profundamente o que representam, de fato, para a atividade-fim de coibir e interromper o tráfico (*Big Deal; Géne 1994*).

O quarto ponto de interesse é a capacidade continuada do controle pelos colombianos do plantio e processamento da coca até a cocaína em complemento a seu crescente controle na distribuição. As iniciativas autonomistas das organizações criminosas peruanas e bolivianas foram impiedosamente esmagadas pelos colombianos que, apesar disto, mantiveram o controle do plantio e processamento nas mãos de locais. O envolvimento de movimentos sindicais e de elites no Peru e Bolívia, onde o plantio da coca é legal e tradicional, respondendo por 5 a 25% do produto agrícola nacional, irrita profundamente a DEA. As alternativas de replantio (com quantias menores que um ano de produto) e esterilização aérea das zonas de plantio por herbicidas (com conseqüentes danos ao solo e todas as plantas vizinhas) têm sido o grande centro do movimento anti-EUA nestes países (Veja-se a excelente análise em *Perl 1992* e o contraste com a situação dos gangsters em *Wilson 1990*).

O quinto ponto de interesse é a facilidade da lavagem. As perdas dos cartéis na lavagem de seus ganhos ilícitos parece mesmo desprezível. O processo de lavagem de dinheiro (isto é, a explicação, para propósitos fiscais, dos ganhos do tráfico) tem dezenas de variantes, algumas feitas por via eletrônica em minutos. A maioria destes processos não é necessariamente ilegal, nem pode ser separada (exceto discricionariamente) de outros fluxos informais de reforços. Além disso, o movimento em espécie (leia-se, maletas) é tremendo, da ordem de bilhões de dólares anuais, o que torna risíveis as pretensões de controle e diagnóstico das ferramentas econômicas tradicionais. Logo, há que se pensar no significado de US$ 200 bilhões de dólares de lucros acumulados e/ou gastos nos últimos 25 anos. Por um lado, a maior revenda BMW do mundo era em Medellín. Por outro, os interesses desenvolvimentistas dos narcotraficantes são mínimos (Para um desdobramento das despesas e gastos típicos, veja-se *Lee 1991*: 37-38; *Grasse 1990* e *Moingot 1989* são úteis e bem focados).

O sexto ponto de interesse é a crescente internacionalização do tráfico e a expansão do modelo de controle central, cooperação local e especialização funcional. O cartel de Cáli, em particular, tem operado com um *low-profile* e restringido o uso da violência — seus executivos são profissionais e discretos, empregando os violentos locais, e só importando seus próprios homens em casos raros. Utilizam-se do fluxo internacional de navegação para transportar a droga. Neste processo, misturando-se ao crescente movimento do comércio mundial, reaplicando localmente seus ganhos com lavagem de recursos, as atividades deste cartel podem se tornar virtualmente intraçáveis e quase indetectáveis. Cáli estabeleceu uma rede de atacado e varejo por todos os EUA. Só em Nova Iorque, estima-se um movimento de 180-200 kg por semana, US$ 25 milhões de movimento semanal em cada uma das 10 a 12 células de Cáli. Isto representaria um total de US$ 3,6 bilhões por ano para a operação do cartel na cidade. Cada célula é compartimentalizada, isolada e segura, reportando apenas para fora dos EUA — e lavando seus ganhos quase que em tempo real. A detecção destas células tem tido que contar com a sorte. Cáli não parece ter limites de despesas: na célula capturada em 1991, verificou-se a operação de 10 a 20 apartamentos e casas simultaneamente, o uso, descarte e compra de dezenas de carros por mês e a compra e descarte semanal de faxes e telefones celulares para garantir sua segurança operacional. O ritmo está cada vez mais rápido e pode impossibilitar — se é que já não impossibilita — a emissão de mandatos de escuta, revista ou apreensão. Estes métodos inviabilizam o uso das técnicas usuais da polícia e, ainda, viabilizam a prestação de serviços que interligam outras organizações criminosas locais e internacionais com as células. Cáli estaria se articulando e/ou concorrendo com máfias de países tão diversos quanto a Itália, Polônia, Turquia, Rússia, Geórgia, China, Vietnã, Líbano, Paquistão e Nigéria (para a Rússia, *Sterling 1994*; para Ásia, *Walker 1993*; para o quadro geral, *Flynn 1993*).

2. A guerra às drogas

A este panorama do funcionamento geral do tráfico é pertinente que se faça um breve resumo da experiência americana na "Guerra às Drogas".

Por razões expostas anteriormente, os EUA concentraram esforços na interdição, isto é, no bloqueio da passagem de drogas, especialmente a cocaína, entre os países produtores e os EUA. Note-se que isto não significou o abandono dos esforços de repressão ao fluxo ou consumo das outras drogas, até porque esta distinção seria impossível. Nem que não tenham havido tentativas de neutralização da produção de maconha e coca, especialmente no México, nos EUA e na América Latina. Mas o fato geográfico e histórico é que a concentração de meios e esforços se focou no Caribe, até pela possibilidade de emprego de meios paramilitares e militares (os aviões-radares da Marinha, para dar apenas um exemplo) neste fluxo em particular e que foram os "senhores das drogas colombianos" de Medellín um dos primeiros itens de suas prioridades de ação. (*Sharpe 1989, Staley 1992 e Rhea 1992*).

O fracasso parcial da interdição e as dificuldades de controle da droga levaram a uma segunda linha de prioridades, a da internalização da repressão e a demonização do tráfico de drogas, especialmente da cocaína (e especialmente na sua versão crack). Tanto o *Pledge*, um juramento pessoal antidroga e de discriminação social antidrogado para a juventude, quanto a campanha do "just say No", assim como, no lado compulsório explícito, as campanhas de testes antidroga, esbarraram numa questão simples. O uso de uma variedade de drogas era socialmente aceitável e pessoalmente necessária ou útil para um grande número de pessoas — cidadãos e eleitores dos EUA (*Musto 1991; Staley 1992*: conclusões).

O resultado da "apatia" da população foi a radicalização da questão da droga em diversas instâncias, retornando bandeiras puritanas contra toda e qualquer droga, alinhando tabaco, álcool, maconha, cocaína, heroína e as mais selvagens *designer drugs* num contínuo inexorável de autodestruição pessoal sem propósito, cujo uso ou tolerância do uso era socialmente danoso. Esta atitude foi corroborada e respaldada por estudos e pesquisas, muitos dos quais frágeis em suas bases de dados (linhas de auxílio a viciados, por exemplo). As reais diferenças de estilo de vida das diferentes drogas e usuários, os efeitos moderados em usuários infreqüentes, a fixação etária do consumo de drogas (a cocaína é primordialmente uma droga dos 20 aos 30 anos de idade) foram praticamente esquecidos do discurso oficial. As questões do tratamento e da educação para escolha foram soterradas pela repressão intransigente e por visões de uma ligação entre "dano social" e a necessidade e conveniência da proibição pura e simples. A conferência antidroga da Casa Branca do governo Bush em 1988 pode ter sido o último grande evento de uma política fracassada. Neste conclave, presidido pelo próprio presidente dos EUA, foram acertadas dezenas de listas de linhas de comportamento e direções executivas e legislativas, para o lar, a escola, o funcionalismo público, etc. Estas listas apontavam claramente para uma intensificação da ação externa contra o plantio da coca e da interdição ao tráfico. Internamente, alinhava prioridades para a compulsoriedade do teste e pela punição rigorosa de consumidores; a responsabilização de pais, professores e chefias imediatas pelo consumo de filhos, alunos ou subordinados; se afirmava a intransigência absoluta no debate da legalização ou mesmo a aceitação do consumo de drogas exceto na forma de um comportamento criminoso (*Staley 1992*: 192 e seguintes, *Lee 1991*: 194; *White House 1988* para uma visão adicional veja-se *Gold 1991*).

Após 10 anos de "guerra às drogas", o fracasso é evidente e inegável: nunca houve tanta droga, tão barata, de tão boa qualidade. A mudança de nomes nas organizações e os sucessos pontuais não escondem o fato que uma percentagem crescente do tráfico passa pelas fronteiras. Por um lado, mesmo consideravelmente expandidos (houve um aumento de quase 5000% nos orçamentos antidroga deste 1981), faltam meios de controle, pessoal, recursos para monitorar os milhões de pessoas que entram e saem e as centenas de milhares de carros, barcos e aviões (mais de 40 mil aviões e barcos seguem para os EUA cada fim de semana). A este quadro se soma o fato que o grosso da droga entra sob camuflagens legais e nem sequer são vulneráveis a controles deste tipo (*Flynn 1993*; *Lee 1991*: conclusões; *Gané 1992*).

Inexiste qualquer viabilidade política para que se faça valer as medidas draconianas necessárias para um real controle dos consumidores. Mesmo hoje as liberdades civis estão ameaçadas para poucos resultados práticos. Pode-se perder todas as propriedades por suspeita de envolvimento com drogas, com base tão minúscula quanto sementes de maconha num bolso. No horizonte, a discussão da viabilidade legal da perda dos salários de advogados que defendam usuários ou traficantes (*Wistosky 1993*).

As novas táticas policiais para repressão ao tráfico e identificação do consumo criam situações eticamente indefensáveis, desde aquelas em que os policiais podem cometer crimes para se tornarem bons espiões, até as que um consumidor é enredado por toda uma equipe de falsos traficantes e usuários, que passam a testemunhas imunes no ato do crime de consumir. Mais ainda, os sistemas policial, judiciário e penal simplesmente não poderiam dar conta de tratar criminalmente mais que uma pequeníssima fração dos "criminosos" envolvidos, em sua maioria consumidores. Reforçou-se ao limite constitucional (e talvez tenha se ido além) a punição exemplar de personalidades da mídia que lidem com drogas (*Lee 1991*: 191 e seguintes; *Lyman & Potter 1991*: 289-92).

Por outro lado, a política antidroga norte-americana tem se afirmado repetidas vezes ao desejar impor soluções de acordo com seus interesses "que também são os das nações latino-americanas", segundo o Departamento de Estado (*apud Bagley 1992*). Disto tem surgido limites crescentes aos esforços de interdição. Cada vez mais, os países andinos resistem a esquemas e propostas que seriam perda pura, como por exemplo o uso de herbicidas aéreos em massa contra as plantações de coca — que teriam conseqüências fatais para a agricultura local. E que, no fundo, apenas deslocariam as regiões produtoras atuais para outras regiões destes países, exigindo mais uma passada de herbicidas num novo lugar. Da mesma forma, os controles financeiros para combater a droga reformariam completamente a estrutura econômica destes países e das pequenas nações caribenhas, eliminando ou limitando, de forma radical, a informalidade de suas economias (*Bagley 1992*; *Perl 1992* e *Lee 1991*: 198-201).

Em termos mais gerais, a pauta de ações antidroga ainda enfrenta uma questão geopolítica simples: os ganhos da droga seguem quase que invariavelmente para a manutenção da ordem estabelecida (ainda que a corrompam). O perfil ideológico dos traficantes é conservador e fortemente anticomunista (*Lee 1991*: perfis). Muitos dos mais fiéis aliados da década de 80 se vêem subitamente transformados em inimigos mortais. O elenco de medidas consideradas necessárias para seu enfrentamento são uma pauta controversa de redefinição das soberanias envolvidas. Vão desde o seqüestro internacional, ações de forças americanas em territórios estrangeiros, criação de grupos de penetração secretos, tolerância zero nas fronteiras, até a vigilância e registro de todos estrangeiros para identificação de perfis de contrabandistas, violando o princípio da imunidade até suspeita razoável (*Lyman & Potter 1991*: 289-92).

No limite, a guerra às drogas acabou revelando que as soluções propostas eram inaceitáveis aos EUA em seu próprio território, mas que eram prescritas como aceitáveis e necessárias a outros países. Assim, houve iniciativas de implementação de regimes de controle e policiamento draconianos para a vida dos países andinos e diversos programas de capacitação e operação conjunta com os EUA nestes e noutros países — sem sucesso.

Um problema adicional, que ainda aguarda uma tematização explícita, é que o reforço dos sistemas policiais para o combate ao tráfico colocaria em campo polícias de um poder inédito nos países latino-americanos. Poderosas, capazes e fortes como a DEA e o FBI, mas fora do sistema de controle anglo-americano de liberdades civis. A resistência justificada dos militares latino-americano de se engajarem na luta contra a droga tem levado a uma escolha preferencial pelo reforço e aparelhamento de polícias especiais para o combate ao tráfico. Ora, como o tráfico está equipado em nível de primeiro mundo e dispõe de redes de informação, equipamento e pessoal da melhor qualidade (afiados na luta permanente contra os EUA), uma polícia capaz de enfrentá-los é uma polícia e tanto. Um novo, rico e autônomo núcleo de poder em países onde as democracias são notoriamente frágeis; e cuja ascendência, respaldo e orçamento dependem do agravamento do tráfico e de suas conseqüências como percebidos por seus governos — e por Washington. Burocracias policiais armadas, com fundos nacionais e estrangeiros, equipamentos superiores aos de todos os demais em seus países e cuja influência e recursos cresceriam na medida direta em que o tráfico seja percebido como um problema cada vez mais grave. Uma situação que pode abrir espaço para uma conivência natural e inexorável entre a nova polícia e o tráfico (*Lee 1991*: 220 e seguintes).

III. CONSIDERAÇÕES FINAIS

Ao final, as considerações remetem a dois níveis distintos. Primeiro, o das alternativas americanas. Segundo, o da dinâmica da droga e do futuro do tráfico.

1. As alternativas americanas

Sem o posicionamento e direção, verbas e políticas do governo, sem os hábitos, consumo e dinheiro da população dos EUA, a questão do tráfico de cocaína teria sido orientada para outros rumos muito diferentes dos atuais. É impossível querer se pensar a questão da droga sem se ponderar os rumos e prognósticos da ação americana.

Ainda não se conhece os rumos que o governo Clinton vai dar à questão, mas certamente não se evidencia o mesmo empenho que o das administrações republicanas que o precederam. A matriz de valores é diferente e os resultados das apreensões de cocaína espelhariam uma queda de prioridade: de 37 toneladas em 1992, para 27 t em 1993 e apenas 7 t nos primeiros seis meses de 1994 (*Adler 1994:* 14). Mas há a inércia — e as imagens — de 12 anos de forte política antidroga. A agenda deixada pelo governo Bush era profundamente intervencionista e proativa. Incluía um elenco ambicioso e politicamente insustentável de alternativas.

O aumento das capacidades de combate à droga nos países produtores, ou pelo incremento de meios militares ou pela "americanização" da guerra às drogas, com o envio de tropas para apoiar países amigos na luta. A redução da disponibilidade da coca, pagando pelo fim do plantio ou forçando através de sanções o fim do cultivo. A indução da queda da demanda pela criminalização rigorosa e discriminação social dos viciados, com crescente interesse em medidas sociais punitivas (perda de propriedade, da carteira de motorista ou do direito a cartões de crédito) e um emprego em larga escala da compulsoriedade de testes antidroga como critério de vendas ao governo. A responsabilização (pecuniária? criminal?) de pais, professores e superiores pelo uso de drogas de filhos, alunos e subordinados nas casas ou ruas, escolas e locais de trabalho (*White House 1988*).

O anátema era a opção de negociar com os Cartéis, hoje ainda politicamente impossível, mas objeto de debate na Colômbia. Finalmente, havia um crescente debate sobre a legalização, ao menos da maconha, que era enfrentado com fortíssimas campanhas antidroga e movimentos defensivos de restrição ao álcool e ao tabaco (*Kane 1992* para o sim; *Gold 1991* para o não e *Lee 1991*: 231 e seguintes; *Lyman & Potter 1991*: conclusões para uma visão dos argumentos de parte a parte).

No fundo, em termos externos, a especificidade da visão americana do mundo se torna evidente tanto no impasse lógico de se entender as formas pelas quais a reentrada dos narcodólares ocorre nas sociedades latino-americanas quanto na ausência de uma solidariedade hemisférica com o grave e insidioso problema das drogas. O virtual "duplipensar" pelo qual algo pode ser simultaneamente legal e ilegal, pelo qual comunidades podem apoiar o tráfico sem serem compostas por criminosos, o cotidiano de povos latinos, lhes é inalcançável (*Lee 1991*: 39-44).

Em termos internos, é bastante provável que o debate retorne a seus fundamentos éticos. O ponto simples e fundador é que a pedra de toque do sistema constitucional americano é a subordinação do Estado ao Povo. O Estado existe para fazer leis que o Povo deseja, não para criar as normas que julgue interessantes ou úteis. Que o governo possa querer legislar sobre o comportamento individual a ponto de criminalizar atitudes, posturas ou hábitos pessoais é inaceitável para qualquer república democrática (*Staley 1992*: 49-52).

Dois pontos relacionados podem balizar, ainda que superficialmente, o problema da questão americana diante das drogas.

Por um lado, o extremo lógico a que se quis levar a questão doméstica das drogas pode ser exemplificado pela questão da saúde pública. O problema da saúde foi um dos carros-chefe da política republicana antidroga. Os custos sociais públicos do vício representariam um dreno insuportável na vida dos saudáveis. Os dados não corroboraram esta percepção. O problema de saúde parece ter sido uma ferramenta retórica, já que o quadro das letalidades associadas ao consumo de drogas é o seguinte:

Letalidade e drogas

Droga	Usuários	Morte/ano	Mortes/100mil*
tabaco	60 milhões	390000	650
álcool	100 milhões	150000	150
heroína	500 mil	400	80
cocaína	5 milhões	200	4
Obs: Não há **nenhum** registro médico de morte pelo uso de maconha.			

(*) incluindo suicídios utilizando a droga, então haveria 200 casos para heroína e 20 para cocaína.
(Fonte: James Ortowski, "Thinking about Drug Legalization", *Cato Policy Analysis* 121. Washington DC, Cato Institute, 1989, p. 47, *apud Staley 1992*: 111.)

Por outro lado, o dinamismo da economia criminosa que respalda o tráfico e o uso de drogas é evidente. Risco e preço estão em ação: a internalização da produção de maconha refletiu a sua inviabilização como produto importado nos EUA. A heroína flui em purezas quase farmacêuticas. Há novas drogas entrando e saindo do mercado cada ano. O crack resultou de décadas de pesquisas tentativa-e-erro, como o *freebase*, para se maximizar o impacto do impulso da cocaína. A economia das drogas é inexorável e está crescendo, respondendo às demandas dos usuários/consumidores, reagindo à repressão da polícia e da justiça, recompensando astronomicamente aos que sejam capazes de atender às primeiras e escapar da segunda. O problema da droga não está se resolvendo sozinho, ao contrário: cresce e expande a cada ano (*Staley 1992*: 45-46.)

Há perguntas que não tiveram resposta nos governos republicanos, mas que parecem inescapáveis. Derivam da popularidade e crescimento da demanda por drogas na sociedade em geral, arraigados num fato simples: o efeito do uso limitado ou inicial na fisiologia e nas emoções dos usuários é sedutor. As pessoas usam drogas — para acordar, para dormir, para ficarem alertas, para relaxar. As drogas ilegais dão continuidade a um espectro de alternativas que se inicia nos remédios e drogas legais. Os que se viciam e têm problemas estão muito distantes dos 100% nos EUA: o número varia de 2 a 30% nos (poucos) estudos de caso mais sérios sobre a cocaína. Há falta de estudos conseqüentes sobre o real efeito fisiológico das drogas a não ser nos casos propriamente patológicos. Poucos percursos foram tão sintomáticos desta falta de conhecimento sólido quanto o da cocaína: de uso universal até o início do século XX a droga assassina em seu final. Ambas imagens estão certamente erradas, mas talvez a questão da cocaína e das drogas em geral esteja, simplesmente, mal colocada. Como seriam a nicotina ou a cafeína em modos de acesso puros e químicos? (*Musto 1991*: 27).

Em conclusão, uma vez mais o fato simples é que a questão das drogas é concretamente planetária: tem raízes locais em hábitos pessoais e tolerâncias e necessidades sociais; opera e se articula com fluxos e movimentos transnacionais. Apenas uma mistura de arrogância e miopia, poder e provincianismo pode explicar como os EUA a puderam tratá-la como uma questão de política própria, com todas as vantagens e ônus que esta postura acarretou. O fracasso de tal atitude era previsível desde a primeira hora. Se se pode dizer algo, é que a solução para o tráfico da cocaína e das drogas reside numa abordagem tão pessoal e, paradoxalmente, internacional quanto o próprio tráfico.

2. O futuro do tráfico de cocaína e de drogas

O tamanho do tráfico atual de drogas, sua longevidade e seu alcance, por si sós, não admitem um entendimento simplista ou amador do funcionamento desta indústria criminal. Nem permite que se subestime seu alcance corrosivo direto e indireto: um núcleo de poder fora da lei, sem responsabilidade ou controle, é um perigo para qualquer sociedade. Existe todo um complexo profissional e bem informado de poder em torno das drogas, respaldado por cifras e margens fantásticas, que conta com o envolvimento, beneplácito, simpatia ou a indiferença de elites locais em todos os países. Como um todo, a extraordinária concentração dos cartéis permitiu a emergência de um padrão em tudo comparável a uma transnacional, com o estímulo da necessidade de constante melhora e confrontado com uma competição extremada — a repressão norte-americana e a dos demais países. Os cartéis sobreviveram a tudo que se pode fazer contra eles e estão especialmente modernos em termos de equipamento, táticas de contrabando e mecanismos para lavagem de dinheiro.

A alternativa de morte ou suborno, o tradicional *plumbo o plata*, tem sido a abordagem geral de relacionamento com as autoridades policiais e judiciárias e, num certo sentido, com a sociedade. A menos de uma virtual guerra civil, os cartéis se revelaram capazes de resistir a todas as iniciativas punitivas do governo e isto parece, hoje, cada vez mais um fato da vida. A ambição de legitimidade imediata de muitos dos chefes do cartel de Medellín é sintonia do grau de aceitação que os cartéis de fato já têm na vida de seus países. A resistência das elites colombianas tradicionais a este reconhecimento é reflexo de uma dinâmica societal tradicionalista, com a qual, aliás, ao menos deste particular, muitos narcotraficantes se identificam (*Lee 1991*: 110 e seguintes).

Ninguém duvida que, se continuar assim, os *noveaux riches* do narcotráfico se incorporarão às elites. É a pressa de entrada da geração de mãos sujas que representa um problema. Em muitos casos os chefes de cartel têm consciência desta situação. Resistem indignadamente à idéia de serem identificados com a máfia americana: se denominam *narcotraficantes* e se distanciam de uma penetração ampla em outros setores "anti-sociais" do crime. São tão moralistas e conservadores quanto suas origens.

De fato, o tráfico os ocupa inteiramente, menos das atividades de lavagem, em que predominam negócios legais. O crime menor não lhes interessa. Os grandes do cartel, de fato, estão numa zona de sombra: são procurados mas, apesar de todos saberem onde encontrá-los, estão imunes à prisão. Isto, para os americanos, seria incompreensível (*Lee 1991*: 99 e seguintes).

Em 1991, os cartéis de Cáli e Medellín representavam o estrangulamento do tráfico de cocaína, concentrando 80% do comércio mundial da droga, com um lucro da ordem de, no mínimo, US$ 5 bilhões/anuais. Apesar disto, o cerne da organização — incluindo todo o aparato de suporte técnico e de química — não passava de 500 a 1.000 pessoas. Mais: quase todos os chefes do tráfico estavam — estão — dispostos a abandonar o negócio em troca de sua legitimação e legalização dos ganhos. Acenam com a eliminação do tráfico em poucos meses e com a internalização de dezenas de bilhões de dólares. Em maio de 84, setembro de 88, janeiro de 90 e novembro de 90 os chefões se ofereceram publicamente para auxiliar no fim do negócio, desde que suas imunidades e posses fossem garantidas (*Lee 1991*: 236-248).

Foi a intransigência absoluta do governo Bush que impediu que o assunto fosse sequer discutido na Colômbia. Cada vez mais, a questão se torna não se, mas quando se chegará a um acordo. Do ponto de vista colombiano, não há alternativa. Os resultados dos 20 meses de guerra às drogas, virtual guerra civil, que teve lugar na esteira do assassinato de Carlos Galan, candidato liberal à presidência em 1989, deixou três coisas bem evidentes. Primeiro, a proteção da polícia e dos militares impossibilita a prisão ou mesmo uma contestação de força contra os traficantes pelo governo colombiano. Segundo, o efeito da guerra foi desprezível no mercado mundial de cocaína e pouco afetou o fluxo para os EUA. Terceiro: o nível de sofrimento e desgaste é comparável ao de La Violencia. Além disso, a guerra acabou por disseminar o problema do processamento da cocaína para as regiões fronteiriças, envolvendo países até então praticamente fora do fluxo, como o Brasil (*Lee 1991*: 236-248).

Diante deste quadro, se pode tentar digerir o horizonte mais amplo do tráfico mundial de drogas. O quadro que se configura é consistente com o que foi exposto, aqui, para a cocaína, reforçado ainda pela abertura dos novos mercados, desestruturados para a questão do tráfico e da droga, de nações ligadas ao antigo bloco soviético/comunista (*Flynn 1993*: 32).

O prognóstico é inequívoco: expansão e crescimento da demanda, talvez de forma explosiva, crescimento do tráfico para atendê-la, crescimento do poder e alcance do crime internacional.

Em primeiro lugar, a percepção da existência das drogas (e uma idéia pouco clara de seus verdadeiros efeitos) é a maior de todos os tempos.

Em segundo lugar, o acesso às drogas é igualmente o maior de todos os tempos.

Em terceiro lugar, as pessoas no antigo mundo soviético/comunista e no Terceiro Mundo têm na droga uma das referências de *status* e realização pessoal — inspirada, em parte, nos valores do mundo americano como espelhado em filmes, notícias, etc.

Uma sociedade aberta não tem como impedir (apenas como encarecer) o acesso a mercadorias, e as drogas são uma mercadoria extraordinariamente desejada, proibida e, por isto, extremamente lucrativa.

Assim, este estudo aponta para um resultado claro: a questão das drogas permanecerá sendo um ponto crítico e importante no desenho do mundo. Seus fluxos de dinheiro continuarão a embasar uma logística criminal de contingentes, dinheiro e armas que influenciará a dinâmica do crime e da vida em nossos tempos.

REFERÊNCIAS

ADLER, J.
1994 The Numbers Game. *Newsweek*. July 25, 1994: 46-7.

AMOROSO, F et allii
1993 *Principles of good Policing: avoiding violence between police and citizens*. Revised, march 1993 ed. US Department of Justice, Community Relations Service, Washington DC.

BAGLEY, B.M.
1992 After San Antonio. *The Journal of Interamerican Studies* 34(3):1-12.

BIG DEAL
1993 Big Deal. *The Economist*: 45.

BUCHNER, B.
1994 Book Review: *Global Crime Connections: dynamics and control* edited by Frank Pearce and Michael Woodiwiss. University of Toronto Press, 1993, *Social Forces* 72(3): 914-916. March 1994.

DZIEDZIC, M.J.
1989 The Transnational Drug Trade and Regional Security. Survival: 533-548. Primeira citação do tema na história da revista, uma referência internacional da literatura de estudos estratégicos.

FEDERAL BUREAU OF INVESTIGATION
1991 *Uniform Crime Reports*. Federal Bureau of Investigation, US Government Printing Office, Washington DC.

FLYNN, S.
1993 Worldwide Drugs: the expanding trade. *Current*: 28-33.

FLYNN, S.E.
1993 *The Transnational Drug Challenge and The New World Order*. The Center for Strategic and International Studies, Washington, DC, Report of the CSIS Project on the Global Drug Trade in the Post-Cold War Era.

FUHRMAN, P. & TANZER, A.
1992 The Tai Fei Know The Way. *Forbes* December 21:172-175.

GÉNÉ, J-P.
1992 Losing the Battles on the War on Drugs. *World Press Review* (June): 16-17.

GOLD, M.S.
1991 *The Good News About Drug and Alcohol.* Villard Books, New York.

GROSSE, R.
1990 The Economic Impact of Andean Cocaine Traffic on Florida. *The Journal of Interamerican Studies* 32(4): 135-159.

KANE, J.P.
1992 The Callenge of Legalizing Drugs. *America*: 61-63.

LEE, R.W.
1989 Dimensions of the South American Cocaine Industry. *The Journal of Interamerican Studies* 30(2&3): 87-104.

1990 Why The US Cannot Stop South American Cocaine. *The Journal of Interamerican Studies* 32(4):499-519.

1991 *The White Labyrinth: cocaine and political power.* Transaction Publishers, New Brunswick, NJ.

1991b Making the Most of Colombia's Drug Negotiations. *Orbis* (Spring 1991): 235-252.

LYMAN, M.D. & POTTER, G.W.
1991 *Drugs in Society: causes, concepts and control.* Anderson Publishing, Cincinnati, OH.

MACCOUN, R. & REUTER, P.
1992 Are the Wages of Sin $30 an Hour? Economic aspects of street-level drug traffiking. *Crime & Delinquency* 38 October: 477-491.

MACDONALD, S.B.
1988 *Dancing on a Volcano: the latin american drug trade.* Praeger. New York, NY.

MAINGOT, A.P.
1989 Laundering the Gains of the Drug Trade: Miami and Caribbean tax havens. The Journal of Interamerican Studies 30(2&3): 167-188.

MEYER, M.
1994 Culture Club. *Newsweek*: 32-38.

MILITO, C. et allii
1993 *Homicídios Dolosos Praticados contra Menores, no Rio de Janeiro (1991 a julho de 1993).* n/d, Rio de Janeiro, Relatório de Pesquisa desenvolvida como parte do projeto Se Essa Rua Fosse Minha (FASE, IBASE, IDAC, ISER).

MUSTO, D.F.
1991 Opium, Cocaine and Maconha in American History. *Scientific American* (July): 20-27.

NOFI, A.A.
1983 *Conquistador.* SPI, New York.

PERL, R.F.
1990 United States International Drug Policy: recent developments and issues. *The Journal of Interamerican Studies* 32(4): 123-136.

1992 United States Andean Drug Policy: background and issues for the policy makers. *The Journal of Interamerican Studies* 34(3): 13-35.

RHEA, J.
1992 High Technology's Growing Role on The War on Drugs. USA Today (November): 78-80.

SABBAG, R.
1994 The Cartels Would Like a Second Chance. *Rolling Stone*. May 3:35-38.

SERRILL, M.S.
1994 Is it the Last Battle? *Time*, August 8 1994: 10-15.

SHARPE, K.E.
1989 The Drug War: going after supply. *The Journal of Interamerican Studies* 30(2&3): 77-86.

SOARES, L. E. et allii
s/d Relatório final da Quarta Etapa do Projeto "Monitoramento da Violência no Rio de Janeiro — Mapeamento da Violência Letal, Pesquisa patrocinada pela FAPERJ, com apoio do ISER, no âmbito do Núcleo de Pesquisas do ISER e colaboração do Depto. de Ciências Sociais da UERJ, Xerox, cortesia do ISER.

1993 Criminalidade Urbana e Violência: o Rio de Janeiro no contexto internacional, Série Textos de Pesquisa: Núcleo de Pesquisas do ISER/Apoio FAPERJ, Xerox, cortesia do ISER.

s/d A Violência no Rio de Janeiro, em 1993: símbolos, ícones e índices, Núcleo de Pesquisas do ISER e colaboração com a Pós-Graduação em Ciências Sociais da UERJ, apoio FAPERJ, Xerox, cortesia do ISER.

STALEY, S.
1992 *Drug Policy and the Decline of American Cities*. Transaction Publishers, New Brunswick, N.J, 2nf printing, 1993.

STARK, J.
1989 Book Review: *Coca and Cocaine — effects on people and policy in Latin America* edited by Deborah Pacini & Christine Franquemont. Cambridge Mass, Cornell University Press, 1986, The Journal of Interamerican Studies 30(2&3): 235-239.

STERLING, C.
1994 Redfellas. *The New Republic* April 11:19-22.

SULLIVAN, S.
1994 The Drug Specter. *Newsweek*: 12-20.

SUTTERLIN, E.
1989 Literature on the Drug Issue. *The Journal of Interamerican Studies* 30(2&3): 213-239.

THOUMI, F.E.
1993 Why the Illegal Psychoactive Drugs Industry Grew in Colombia. *The Journal of Interamerican Studies* 34(3): 37-63.

WALKER, W.O.
1993 Drug Trafficking in Asia. *The Journal of Interamerican Studies* 34(3): 201-216.

WHITE HOUSE
1988 *The White House Conference for a Drug Free America*, GPO, Washington DC, 1988.

WILSON, C.
1990 *A Criminal History of Mankind*, Carroll & Graf Publisheres, New York, First Edition, 1984.

WISTOSKY, S.
1993 A Society of Suspects: the war on drugs and civil liberties. *USA Today* (July): 17-21.

ZIMRING, F.E.
1991 Firearms, Violence and Public Policy. *Scientific American* (November): 24-30.

Anexo 1

UMA VISÃO GLOBAL DA LOGÍSTICA DO TRÁFICO DE COCAÍNA ENTRE COLÔMBIA E EUA

Evento	Contingente Envolvido	Preços Médios	"Multiplicador"
Consumo (C) em doses de 1 g com 19% de pureza 1991: em doses de 1 g com 55% de pureza A pureza reflete a média da apreensão nos grandes centros. Tráfico de Rua (R) Em pacotes de 5-20g com 90% de pureza Varejo (V) Em pacotes de 250g a 1kg com pureza de 99% Obs: Uma pureza extremamente alta, talvez fruto da verticalização dos cartéis. Em 1985-7, era tipicamente de 40-70% Atacado (A) Em pacotes de 1 a 5kg com pureza de 99%, mas ocasionalmente em lotes de diversos pacotes. Contrabando O CERNE DOS CARTÉIS Em aeronaves e barcos, lotes de centenas de kg com 10% de pureza, tipicamente por independentes. É impossível tipificar para outros mecanismos ou no contrabando camuflado Refino Um processo contínuo: são embalados lotes de centenas de kg, em pacotes de 1 a 5 kg de cocaína, com marca de produtor (por exemplo, em 92-93 alguns lotes apreendidos tinham em alto relevo a marca "diamante" (Medellín) Pasta de Cocaína Em pacotes de centenas	Nos EUA – Ao menos 20 milhões já experimentaram; – 6 milhões são usuários regulares; – 400 são heavy users (consomem aproximadamente 50% da droga) Obs: Há 100 milhões de consumidores regulares de álcool e 50 milhões de tabaco. Há espaço econômico para 2,5 a 3 milhões de traficantes. Estimam-se que existam entre 30 e 50 mil varejistas em qualquer momento dado, com forte penetração e, portanto, concentração do varejo nas mãos dos cartéis em algumas cidades. Estimam-se 100 células diretamente ligadas aos cartéis e mais um número de iniciativas independentes, num total de 5 mil pessoas envolvidas Os cartéis de Medellín e Cáli respondem por 70-80% do tráfico, empregando, no total com o refino, menos de 1000 pessoas. É impossível estimar os demais cartéis ou os independentes. Não mais que 1000 pessoas, contando diretos, indiretos e especialistas no refino da pasta base em cocaína HCl nos cartéis de Medellín e Cáli. É impossível estimar os demais cartéis ou os independentes.	Compra: 1987: US$ 140/g (a 19%) 1kg R=5kg C 1Kg (90%)=US$ 700K ou 1991: US$ 100/g (a 55%) 1Kg R=1,8Kg C 1Kg (90%)=US$ 180K Venda: 1987 (a 19%): US$700K/kg ou 1991 (a 55%): US$180K/kg Compra: 1987:US$250K/kg 1991 (99%) US$30/g = US$600/20g =US$145K/kg 1kg V= 1,1kg R 1kg (99%)= US$166 K Venda 1987:US$250K/kg 1991:US$166K/kg Compra 1991:US$23K/kg 1987:US$55K/kg 1991: US$23K/Kg Compra: 1987: US$ 15K/Kg 1991: US$ 10K/Kg Venda 1991: US$ 10K/Kg Compra 1991: US$ 2K/Kg Venda 1991: US$ 2K/Kg Compra 1991: US$ 1K5/Kg 1991: US$ 1K5/Kg US$ 1K/Kg 1987: US$ 250/Kg 1991: US$ 500/Kg Obs: Há uma política deliberada dos cartéis para manter interessante o cultivo das folhas de	(Venda-Custo)/Custo O consumidor não tem retorno financeiro O consumidor/traficante não tem limite de dissolução do produto; usualmente apenas paga o seu consumo com as vendas tipicamente na razão de 1: 4. Nesta passagem 1987: 80% (700K-250K)/250K 1991:24% (180K-145K)/145K Sobre a folha de coca 1987:279.900% (700K-250)/250 1991:35.900% (180K-500)/500 1991:621% (166K-23K)/23K Potencial do Cartel desde a pasta de coca: 1987:16.566% (250K-1K5)/1K5 1991:10.966% (166K-1K5)/1K5 Sobre a folha de coca 3.310% (166K-500/500) 1987: 266% (55K-15K)/15K 1991: 130% (23K-10K)/10K Potencial do Cartel desde a pasta base: 1/433% (23K-1K5)/1K5 Sobre a folha de coca

de kg, com 1kg de pasta base (ou lavada) a 92% produzindo, após o refino, 1kg de cocaína.

Pasta de Coca

Em baldes de dezenas de kg de pasta de coca (a 40%); 2,5kg de pastão são necessários para 1kg de cocaína a 100%

Folhas de Coca

Em fardos de 50kg de folhas (uma carga); neste quadro, 500kg de folhas equivalem a 1kg de cocaína processada a 100%.

Há 10 a 15 mil produtores de pasta-base, tanto próximos dos campos de cultivo quanto nas cidades e pistas de pouso na região amazônica.

Há estimados 25 mil produtores de pasta de coca, que podem ser encontrados "em todos os países na América Latina".

Entre 150 mil e 250 mil pessoas, incluindo camponeses, bóias-frias, pisadores, etc., no Peru, Bolívia e Colômbia.

Obs: Um pisador, o mais baixo na hierarquia da droga, ganha US$40-60/mês. Um professor boliviano ganha US$23/mês. Há dezenas de tipos de arranjos informais nas comunidades.

coca: demanda e oferta não explicam as variações históricas dos preços.

4.300% (23-500/500)

1991:400% (10k-2K)/2K

Potencial do Cartel desde a pasta base: 566%(10K-1K5)/1K5

Sobre a folha de coca 1.900% (10K-500)/500

Potencial do Cartel desde a pasta base e 1991:33% (2K-1K5)/1K5

Sobre a folha de coca 1991:300% (2K-500)/500

1991:50% (1K5-1K)/1K

Sobre a folha de coca 1991:200% (1K5-500/500)

Sobre a folha de coca e 1991: 100% (1K-500)/500

Não se aplica.

NOTAS:

1. A barra negra à esquerda indica a melhor estimativa do alcance atual (1994) do cartel para a realidade dos dados de 1991, representando um "multiplicador" (vide nota 5). Neste caso, o cartel poderia ter um "multiplicador" de 10966% [(166K-1K5)/1K5].

2. A inicial K denota o milhar em quantias, assim, US$1K=US$ 1.000.

3. Há diferenças substanciais na produtividade de cocaína das diversas variantes de folha de coca entre países e períodos diferentes. Subestimei a produtividade tomando como valor pertinente a taxa 500:1 da péssima coca colombiana. Há os que afirmam produtividades de 350:1, 300:1 e mesmo 250:1 das melhores safras peruanas e bolivianas.

4. As referências aos preços por kg sempre se referem ao equivalente do custo de 1kg de cocaína HCI a 100% ou 99%.

5. Na ignorância dos custos e perdas relacionados com o tráfico de drogas, não se pode falar em margens de lucro ou de retorno-sobre-investimento (ROI). Assim, apenas como forma de se obter uma primeira, grosseira e superdimensionada estimativa utilizou-se como índice do ganho

potencial em cada etapa do processo o "multiplicador" adimensional que relaciona: M=[(Preço de Venda — Preço de Compra)/Preço de Compra]. Este "multiplicador" é contrastado com os retornos-sobre-investimento dos ganhos da pirataria e do tráfico de escravos de forma pouca rigorosa com a deliberada intenção de se obter uma idéia geral das possibilidades de ganho envolvidas.

FONTES PRINCIPAIS:

Flynn 1993: para todos os dados estimados de 1994 (pp: 33-37) e uma crítica contundente e bastante completa não só do entendimento quanto, em particular, das falsas imagens do tráfico e limites da iniciativa antidroga dos EUA.

Thuomi 1993: para uma discussão aprofundada da especificidade colombiana no tráfico de cocaína.

Staley 1992: para a discussão da dinâmica do tráfico e do crime nas grandes cidades americanas diante da droga e, de uma perspectiva mais social, dos limites intrínsecos à abordagem de repressão e policiamento; para preços (pp: 168); volumes (pp: 197).

Lee 1991: para o levantamento mais focado e completo do funcionamento da indústria da cocaína, com ênfase para os aspectos organizacionais e estruturais dos cartéis, bem como de sua lógica política de funcionamento; para organização e pessoal (pp: 37-38, 40-44, 45-46 [fig.1]).

Lyman & Potter 1991: para um panorama completo da questão criminal nos EUA e seus diversos relacionamentos diferenciados como o crime organizado, as gangues e os esquemas de lavagem; para preços (pp: 93); para volumes (pp: 261).

Na maior parte dos casos, os dados numéricos dos autores representam estimativas pessoais apoiadas em dados e estimativas da *Drug Enforcement Agency* e/ou pesquisa primária (especialmente *Lee 1991*).

NOTE BEM 1

Lavagem de dinheiro

O processo de lavagem de dinheiro (isto é, a explicação, para propósitos fiscais, dos ganhos do tráfico) tem dezenas de variantes. A maioria destes processos não é necessariamente ilegal, nem pode ser separada (exceto discrecionariamente) de outros fluxos informais ou normais de fluxo monetário. Além disso, o movimento em espécie (leia-se, maletas) é tremendo, da ordem de bilhões de dólares anuais, o que torna risíveis as pretensões de controle e diagnóstico das ferramentas econômicas tradicionais. Veja-se as partes pertinentes de *Buchner 1994*; *Staley 1992*; *Lee 1991*; *Grosse 1990* e, especialmente, *Maingot 1989*.

NOTE BEM 2

Margem Vs volume e estabilidade de faturamento anual

Houve um incremento considerável no volume de cocaína envolvido: de 250 t em 1980 para 420 t em 1987 e 1200 t em 1994. Note-se que este incremento no volume indica uma estabilidade no faturamento (em torno de US$ 100 bilhões anuais nos últimos dez a doze anos) apesar da marcada queda de preços: de US$140/g (19%) em 1987 para US$80/g (55%) em 1994. Veja-se *Flynn 1993*; *Staley 1992* e *Lee 1991*.

Anexo 2
UMA ANÁLISE OPERACIONAL DO TRÁFICO DE COCAÍNA EM 1986

Local	Tarefa	Contabilidade	Lucro Bruto
Colômbia	Um **refinador** colombiano produz uma carga de cocaína HclC 100% pura de 300kg a um custo médio de US$3000/kg.	Custo para o refinador: US$900K	
	O refinador contrata um **piloto** por US$3000/kg, contra-entrega, para transportar a carga por avião até as Bahamas e dali por carro e barco até Miami.	Custo para o refinador: US$900K	
Miami	O piloto entrega a carga ao **atacadista** colombiano de Miami que divide a carga de 300kg em pacotes de 5-10kg. Vende um pacote de 5kg para um distribuidor de Atlanta	300kg a US$235K US$7000K para o refinador, menos os custos de US$2400k	Refinador: US$4.650K Piloto: US$900K Atacadista: US$600K

Atlanta	por US$23500/kg, recebendo uma comissão de US$2000/kg, que pode ou não ser dividida com quem obteve o negócio.		
	O **distribuidor** de Atlanta dilui a droga em 70%, vendendo em pacotes de dezenas/centenas de gramas por uma média de US$50/g (US$1500/onça).	Aprox. 0,5kg(210 oz)a US$1500/oz=US$315K, menos US$117K	Distribuidor: US$197K
	O **traficante** num prédio de escritórios compra 80g, dilui mais uma vez a droga em 70% (pureza resultante aprox.50%) e vende cada grama por US$ 60.	144gxUS$60= US$8.640, menos US$6000	Traficante: US$2640
	Um **traficante/consumidor** compra 5 gramas do traficante, vende 4 gramas a colegas por US$75/g e consome 1 grama.	4 gramas a US$75/g= US$300, menos US$300 pela compra	Consumidor/ Traficante: US$0

Fonte: "The Cocaine business: big risks and profits, high labor turnover". *The Wall Street Journal*, June 30, 1986. Fontes originais: vários oficiais ligados à repressão aos tóxicos, apud *Lee 1991*:33.

Obs: Este fluxo operacional indica algumas das despesas que o "multiplicador" não tem como perceber.

CRIME E CASTIGO VISTOS POR UMA ANTROPÓLOGA

Alba Zaluar

PESQUISAR, VERBO TRANSITIVO[1]

A etnografia entrou no cenário das teorias e métodos sociais como uma arriscada viagem para encobrir grandes distâncias geográficas, culturais, étnicas, raciais e lingüísticas. O deslocar-se nos mapas físicos e simbólicos do mundo para deixar o "cá" de modo a "estar lá", o transferir-se do "agora" para pesquisar "então" era o passo inicial e monopolizador de toda a atenção do antropólogo. Com a autoridade de quem esteve lá e ouviu e viu os nativos então, esta experiência de desbravadores culturais era narrada na volta no pressuposto de que a experiência caótica, emotiva, acidentada, particular seria finalmente posta sob o crivo da objetividade científica para tornar-se organizada e inteligível aqui e agora. Desde o início, portanto, a tensão entre o "estar lá" e o "ser daqui" ou "escrever daqui", entre o então e o agora marcou a aventura etnográfica. Deixar esta corda bamba condenou à perdição, à confusão ou à cegueira os que se limitaram a pensar sobre um dos registros da pesquisa apenas, deixando-se ou ficar na embarcação sólida das verdades científicas e suas bússolas objetivas, ou levar-se no doce embalo das licenças poéticas e da crença de que, sendo tudo ficcional e subjetivo, o melhor seria fazer uma bela peça literária sobre os símbolos e significados alheios.

---

1. Esta parte do artigo é um resumo atualizado de texto apresentado na reunião da SBPC em julho de 1993.

Caso fosse um fazer unilateral, o "escrever daqui" sobre o "estar lá" ou era a *hard science* do rigor e objetividade ou a pura poesia da narrativa literária e da sensibilidade interpretativa. Mas reconstituir este debate interno à Antropologia seria, na verdade, reconstituir o debate de toda a teoria social nas últimas décadas de tal modo que o próprio ofício que define o antropólogo — fazer etnografia — não seria compreensível se não à luz de teorias que ultrapassam as teorias antropológicas sobre o parentesco e o mito.

Deste debate ainda em curso restou a certeza de que a aventura de conhecer outros mundos simbólicos é uma via de mão dupla. Não se pode deixar de singrar em vários mares ao mesmo tempo, como Malinowski (Geertz, 1988; Adam *et alii, 1990*) se referia ao trabalho etnográfico, ou a jogar em vários tabuleiros ao mesmo tempo, como os gregos nos tempos trágicos, segundo Vernant (1992). É preciso servir simultaneamente ao diabo da objetividade e da teoria científicas e ao deus da arte e da sensibilidade interpretativas. Não é mais possível, tampouco, deixar de ver o etnógrafo (seja ele antropólogo, sociólogo ou politólogo) ou o pesquisador de campo como ator e autor e sem deixar de pensar sobre sua condição de ator e de autor ao mesmo tempo (Clifford, 1986; Marcus & Fischer, 1986). Esta dupla condição ou inserção no mundo se faz enquanto pesquisa no campo em interação com os outros sujeitos da pesquisa (os nativos, aqueles que ele deseja conhecer para deles falar), e enquanto escreve para o público seleto de seus pares ou para o público mais amplo da imprensa. Nestes dois fazeres projeta-se a sua biografia, a qual neles vai também ganhar novos capítulos ou tomar rumos inesperados. Mas em cada passo, a verificação de que não se está sozinho nem se é idiossincrasia, não só porque o social inculcado encontra jeito de aparecer mas também porque outros sujeitos, outras biografias vão atravessando o caminho e cruzando os fazeres de ator e autor.

Como antropóloga de campo que estudava os pobres urbanos fiz duas pesquisas de campo: uma, sobre as organizações dos trabalhadores pobres, outra, sobre as quadrilhas de bandidos num mesmo bairro popular no Rio de Janeiro. Na primeira, realizada durante os três primeiros anos da década de 80, segui a praxe da etnografia e "estive lá", atravessando barreiras de classe, raça, idade, cultura e sexo. Na segunda, feita nos últimos anos da década, as barreiras eram tão mais fortes que os fatos não puderam ser relativizados na versão e deparei com a mentira (Zaluar, 1992). Voltei para cá e lá deixei assistentes de pesquisa que não estiveram lá porque eram de lá. Driblei a mentira, mas a passagem do cá para o lá ficou restrita ao ouvido que ouvia a gravação das entrevistas feitas por outrem ou ao olho que lia o texto delas. Eram vários sujeitos, várias biografias num só material etnográfico. Foi muito mais o registro das tensões, dos conflitos, das fragmentações que sempre tornaram a idéia de "cultura" uma espécie de ficção científica impossível de ser atingida nem no presente nem no futuro. Contentei-me, pois, em não cair na tentação do psicologismo individualizante, o que seria a negação da teoria social, mas em registrar a polifonia ou a heteroglossia das vozes ou dos discursos variados, divididos por idade, sexo, gênero, cor, etnia, grupo carnavalesco, time de futebol, emprego, etc. com que tive a oportunidade de encontrar no lá e no então da pesquisa (Zaluar, 1985).

Seria uma inverdade, entretanto, dizer que esta pesquisa limitou-se à busca dos significados. Ela foi além. Sua fala e suas ações foram como sinais para outras conexões e associações não explicitadas nela. O dito pelos entrevistados foi como elos de uma cadeia que teve de ser preenchida por outros dados, inclusive estatísticos, para que o sentido do dito finalmente ficasse claro. Após as primeiras entrevistas em que as barreiras forçaram não só um discurso endereçado a alguém de fora, de raça e classe superior, de outro sexo, isto é eu, mas também um discurso mentiroso, pois nele a relação entre o falante e o ato da fala não era de sinceridade. Isto ficou muito claro na última entrevista que fiz com um rapaz que me narrou pormenorizadamente como ele não havia cometido nenhum dos crimes dos quais era acusado na vizinhança e na polícia, o que me fazia crer estar diante de um excelente material para denunciar a injustiça presente em nossas instituições. Como sempre nesta segunda pesquisa, estava acompanhada de assistentes de pesquisa, jovens estudantes universitários moradores do local e que conheciam alguns dos personagens da marginalidade desde crianças. Quando saímos e eu afirmava que tínhamos conseguido uma entrevista muito interessante, um dos assistentes me disse: — "mas ele mentiu o tempo todo!" A partir daí, a hermenêutica da desconfiança em relação ao material já obtido foi de tal ordem que me vi simplesmente manietada no possível uso das afirmações substantivas nelas contidas e conclui que, dadas as condições da pesquisa sobre um grupo-alvo de extrema e contínua repressão, associada a práticas ilegais que deveriam permanecer secretas para render-lhes os ganhos materiais e simbólicos, a comunicação entre a pesquisadora de fora e eles estava definitivamente prejudicada. Posteriormente descobri também que quase havia sido estuprada numa das visitas à casa de um jovem de quem achava ter ficado amiga na primeira fase da pesquisa.

O cânone antropológico da vinculação entre versão e verdade, já abalado pela polifonia encontrada na pesquisa anterior, ficou definitivamente desmoronado. A postura relativista ortodoxa não poderia mais ser mantida. O significado do que me foi dito estava justamente na mentira sistemática que sugeriam as barreiras intransponíveis entre mim e os que aguçavam a minha curiosidade de conhecê-los — os bandidos do bairro popular. Entretanto, este significado não foi dito ou explicitado na entrevista, mas sim no comentário de terceiros sobre ela. Assim, a relação dual entrevistador/entrevistado exibiu de forma dramática e reveladora a importância e a necessidade da mediação de terceiros. Não apenas as teorias sociais e os dados estatísticos de que me vali, que são também comentários reveladores sobre o dito, mas também a opinião de outras pessoas do mesmo lugar que tinham com os entrevistados um código de significados e regras de comunicação do qual eu era e deveria permanecer excluída. Em outras palavras, as entrevistas, descobri, não eram constituídas de significados, mas eram discursos sobre significados, cujo sentido eu deveria buscar fora do dito. O fato de ter interferido sobre as próprias condições de pesquisa, fazendo-me acompanhar de assistentes, modificou radicalmente o resultado obtido nela. Os fatos não são, portanto, apenas construídos teoricamente e conquistados na prática sedutora do pesquisador. São também fruto das condições estrategicamente montadas pelo pesquisador mesmo quando não é ele quem está lá.

A narrativa a partir dos "dados" da pesquisa me forçou ainda mais a considerar os "dados" como fragmentos de textos, como fragmentos de discursos porque dirigidos a outrem, por razões que eu deveria levar em consideração para decifrá-los. Além disso, como eu não estava "lá" e não me deixara envolver no fascínio da conversação que prende a atenção dos interlocutores no entendimento do conteúdo, dos significados do dito, podia visualizar melhor a situação da entrevista em suas condições de possibilidade. De fora, lendo um depoimento tão mais de dentro do que eu própria jamais conseguiria, logo chamavam-me a atenção as figuras de retórica, os padrões discursivos, os pontos de referência compartilhados, as verdades não discutidas na conversa entre homens e entre mulheres. Assim mesmo, o individual, o idiossincrático, o criativo, o perceptivo, o afetivo irrompiam do texto que eu, "de cá", "de longe" e "de fora" considerava menos subjetivo e mais social. A fusão de horizontes pretendida no projeto hermenêutico da interpretação nunca se completava porque as diferenças e novidades davam-lhe um caráter de caminhos paralelos e abertos, incompletos, definitivamente marcados pelo gênero, pela idade, pela biografia pessoal, pela história.

Foi enquanto mulher que vislumbrei uma possível interpretação bastante inovativa nas análises feitas sobre a criminalidade no Brasil. A repetição de certos arranjos e associações simbólicas relacionando o uso da arma de fogo, o dinheiro no bolso, a conquista das mulheres, o enfrentamento da morte e a concepção de um indivíduo completamente autônomo e livre "gritavam" aos meus olhos de mulher que as práticas do mundo do crime vinculavam-se a um **ethos** da masculinidade, por sua vez centrado na idéia de chefe (Zaluar, 1988 e 1989). Aqueles arranjos e associações seriam os significados subjetivos, porém compartilhados socialmente, que os entrevistados atribuíam à sua própria ação, este **ethos** seria a minha interpretação sobreposta aos significados.

Mas logo essa interpretação mostrou a sua incompletude quando ouvi, pessoalmente, a presidente de uma das associações de moradores contar, chorando, como as armas de fogo chegavam até lá e eram postas nas mãos dos adolescentes pobres, trazidas de carro por desconhecidos. Estes adolescentes, em plena fase de fortalecimento da identidade masculina, aprendiam rapidamente um novo jogo mortal para afirmá-la, devido à facilidade de obter estas armas. Havia, então, um fluxo de recursos — armas, drogas e até dinheiro — cuja fonte transcendia a prática mortal e criminosa dos adolescentes pobres. O escopo da análise teve de ser ampliado até incluir a organização internacional dos cartéis das drogas, além, é claro, das instituições locais — a polícia e a justiça — com as quais esses adolescentes e jovens adultos estavam em permanente contato e constante fuga.

Até mesmo as barreiras entre a pesquisadora e o seu objeto de estudo tiveram de ser analisadas à luz dessa inclusão do institucional na análise. Não eram apenas as finas e sutis barreiras socioculturais das diferenças de gênero, raça, classe, idade e nível de escolaridade, já vivenciadas na primeira pesquisa. Eram também as barreiras criadas e mantidas pelo arranjo institucional que determinava o ilegal, o ilegítimo, o proibido, o passível de repressão e punição severas. Em poucas palavras, a necessidade de escapar sempre da prisão, nem que fosse através da mentira reiterada, impedia a confissão a quem não tinha nem os poderes do Inquisidor, nem a confiança merecida por estar identificado de modo claro e inequívoco com eles. Assim foram entrevistados cerca de 60 jovens do local e 40 prisioneiros.

SIGNIFICAR, TROCAR E DIALOGAR, FAZERES ABERTOS[2]

Na prática corrente do relativismo cultural pelos antropólogos, uma das idéias básicas é o afundamento no universo do outro, a fim de extrair

---

2. Esta parte do trabalho é uma versão parcial e atualizada do texto de minha autoria publicado no *Anuário Antropológico 90*.

dele a verdade acerca das regras que o regem, ou seja, do código alheio. A reconstituição desta lógica singular, a partir da viagem que talvez não tenha volta quando o antropólogo torna-se nativo, é a *demarche* que marca a escolha romântica e as armadilhas do solipsismo. Esta postura relativista levada às últimas conseqüências pressupõe universos culturais discretos e fechados, bem como a diferença radical incomunicável.

A construção de mundos à parte que configuram as culturas em limites reconhecíveis, identidades claras e sistemas lógicos fechados foi um artifício de afirmação de diferenças e, muitas vezes, de sua retificação ou essencialização na ânsia de combater os imperialismos (Rabinow, 1986: 258). Além das armadilhas da contextualização radical que não explicava a posição do antropólogo nem a capacidade de entendimento entre ele e o outro, essa dicotomização de mundos acabou fazendo surgir aquilo que Habermas (1990) chamou de metafísica negativa, na qual o mundo do outro, desviante e divergente, é apresentado como a alternativa ao mundo oficial não mais aceito. Nesta se incluiria a corrente que esteticiza a violência e a marginalidade como saídas para os graves problemas da sociedade moderna, como se faz numa versão esteticista da Antropologia que se nega a discutir a moral.

Esse artificialismo resultou ainda mais equivocado no mundo urbano em que a pluralidade de culturas em coexistência impede que cada uma delas se feche para as outras. Um dos seus efeitos foi o de manter etnografias no nível empirista, meras descrições de culturas "locais", constrastando-as umas com as outras, igualmente reificadas. No mundo urbano, as "regiões morais" de Park (1967) continuaram a ser apresentadas como "mundos que não se interpenetravam" e que marcavam apenas diferenças intransitivas, fossem de partes de cidades dicotomizadas, fossem de "tribos urbanas".

Porém, a posição relativista foi proposta para pensar como trazer a palavra ou a cultura do dominado, do colonizado, do silenciado ou seja, partia de um projeto de convivência da humanidade em termos mais tolerantes ou mais democráticos. Desde Boas, o relativismo cultural combateu o racismo ao advogar a distinção entre cultura, língua e raça, mas nem sempre tomou as dimensões do relativismo moral e epistemológico criticados por Spiro (1986). Partiu, portanto, de uma posição política e moral baseada em valores da modernidade, porque buscava encontrar patamares de comunicação das diversas culturas humanas. Trabalhava pelo entendimento, pela comunicabilidade entre as diversas culturas, pela distensão dos ódios raciais e dos imperialismos culturais.

Se montou a armadilha do solipsismo nas suas versões românticas e radicais, a Antropologia nunca se desligou de uma perspectiva universalista na sua concepção de alteridade vinculada ao conceito de unidade psíquica do gênero humano — ao qual pertencem todas as raças do *homo sapiens* — especialmente na bem articulada conceituação do estruturalismo. Os princípios gerais dos princípios singulares das culturas estudadas são os princípios lógicos que regem todo o pensamento humano, porque permitidos pela estrutura do cérebro encontrável em toda a humanidade. O Espírito Humano, não convidado, é o que garante em última análise a verdade do que foi dito e, principalmente, a comunicação entre um e outro. Entre cultura e comunicação, portanto, não existiria diferença conceitual, uma pressupondo a outra, uma permitindo a outra. Daí pode-se inferir que só se pode considerar como cultural o que for fruto de um entendimento prévio entre os participantes da comunidade, o que for passível de aceitação consensual entre eles, baseada nos princípios e regras da comunicação e da reciprocidade.

Este conceito de cultura padece, pois, de uma cegueira quanto à ambivalência da natureza humana, nos seus aspectos positivos (o entendimento, a troca, a solidariedade) e negativos (a destrutividade, a violência) por basear-se na idéia do simbólico como sistema de signos e símbolos que servem à comunicação, em última análise ao social solidário e consensual. Desde a concretização da regra que proíbe o incesto, o social estaria garantido. Outras correntes da Antropologia, porém, sublinham a violência. Dumézil e Mircea Eliade, por exemplo, quando interpretam a simbólica do mal, apresentam como a razão do seu enigma a própria ambivalência do sagrado, a um só tempo negativo e positivo, montado na violência e no simbolismo da linguagem. O sagrado, então, não seria apenas a sociedade hipostasiada, mas também as forças negativas que a ameaçam de destruição. Bataille é outro autor que, sob a influência do surrealismo, critica a teoria da reciprocidade de Mauss por ver nela apenas o aspecto da constituição da sociedade humana através da obrigação de retribuir. Bataille (1967) veria a negatividade do dom na própria destruição dos bens com o objetivo exclusivo de gastá-los.

René Girard vai mais além. Para ele, os mitos estão sempre baseados em *histórias reais* de violência, na qual a sociedade vive uma situação de desordem e conflito, seguida do sacrifício de um escolhido para apaziguá-la, seja porque o seu suposto crime seria a razão do sofrimento geral em virtude do desagrado dos deuses, seja porque o sacrifício impediria de fato que a corrente de vinganças continuasse o derramamento de sangue (Girard, 1981). O conceito de vítima sacrifical afirma que, diante de uma crise social, uma vítima inocente é escolhida não por seus supostos crimes, mas porque tem sinais próprios do monstruoso, e passa a incorporar todo o mal que atinge a coletividade. Esta descarrega naquela a sua violência sagrada e, apesar de dita num mito, tem um substrato real concreto.

Estas teorias têm recebido severas críticas. Primeiro porque pressupõem uma situação persecutória e paranóica para caracterizar o social e o mito, utilizando-se de um pensamento circular e tautológico para explicar a violência neles contida (Kearney, 1985). Segundo porque qualquer coisa, pessoa ou pensamento pode ser colocado na posição de vítimas contagiadas e contagiantes, por isso excluídas, quando o mal é cósmico, mas não se aplica aos crimes individuais efetivamente cometidos contra outrem e que têm, em qualquer sociedade primitiva, meios próprios de restabelecer a paz e a justiça. Ela é, no entanto, muito eficaz para explicar fenômenos em que coletividades ou comunidades se unem para dela extirpar estranhos que supostamente ameaçam a sua ordem interna: linchamentos físicos e morais, genocídios, terrorismo, extermínios ou limpezas étnicas. O seu caráter sagrado advém daí e o seu horror do fato de que a vítima sacrificial é sempre inocente. Esta simbólica cósmica, no plano religioso, teria sido superada com o martírio do próprio Cristo que sofreu e morreu por toda a Humanidade, numa tentativa de apaziguá-la. No plano político, pela invenção do Estado e suas instituições de pena e castigo em nome de toda a sociedade, superando a vingança pessoal e de pequenos grupos. Nenhuma destas alternativas à violência sagrada foi completamente exitosa, no entanto, continuando a vigorar a vingança coletiva carregada de emoção ou *pathos* contra pessoas que exibem sinais de vítimas sacrificiais (Kearney, 1985).

Mas esta definição de mal é apenas uma entre as muitas concepções culturais do mal, ou seja, são variadas as fontes e agentes do mal: cósmico ou humano e, se humano, intencional ou não. O estudo e análise das formas de controle social sobre os que tentam escapulir dos vários níveis de consenso moral sobre o mal, não mereceu grande consideração de antropólogos, com exceção da escola britânica e de alguns antropólogos da Lei nos Estados Unidos. Nestes estudos, a lei e a ordem não são separáveis da própria sociedade que com elas se confunde. A troca de bens ou serviços entre os grupos de parentes que compõem as tribos é regida pelo princípio da reciprocidade que afirma que todo presente recebido cria uma obrigação de retorno, mesmo que não seja imediata. A reciprocidade é, portanto, de fundamental importância nas sociedades tribais em todos os aspectos da vida social: rituais, econômicos e políticos.

Mas ela não é inteiramente igualitária, nem desinteressada, pois acaba criando distinções entre chefes e homens comuns, ou entre linhagens aristocráticas e plebéias. Esta idéia da retribuição também está presente nos primeiros órgãos de justiça encontrados em algumas sociedades tribais, especialmente as norte-americanas e africanas, nas quais já existem instituições legais, mas não há ainda Estado. Isto quer dizer que a decisão do tribunal, do árbitro, do mediador, do intermediário ou do simples defensor não pode ser imposta pela força a quem perdeu a questão. Por isso mesmo, as instituições jurídicas primitivas baseiam-se na negociação, nos acordos e compromissos feitos oralmente entre as partes litigantes em obediência a preceitos e valores da vida cotidiana de todos. Os conflitos são tão mais facilmente resolvidos quanto mais próximos estão os envolvidos na disputa, ou quanto mais laços cruzados houver entre os parentes do agressor e os parentes da vítima. Mas o princípio é sempre evitar que as desavenças se alastrem por todos. Ou pior, que a morte de uma pessoa seja vingada pela morte de outra pertencente à família do assassino e que isso degenere na luta homicida de todos contra todos dentro da tribo. E isso é feito principalmente com indenizações ou, em outras sociedades mais próximas das grandes civilizações, com sacrifício de animais aos deuses.

AS DUAS FACES DO ESTADO E A ANTROPOLOGIA

O homem por natureza bom e sociável é uma ficção intelectual. Durante toda a história da humanidade, instituições foram inventadas para controlar a destrutividade, a violência e os conflitos. Diz-se que os homens são os únicos animais que matam seus semelhantes por prazer ou orgulho. Mas os homens são também os únicos animais que se autodomesticam e inventam meios de criar a paz entre eles.

O antropólogo, apesar do relativismo cultural, em nenhum momento, deixa de aderir a concepções do mal e de fazer escolhas sobre como combatê-lo, num evidente compromisso ético que marca a idéia do mal nas sociedades modernas[3]. Mas o faz, às vezes, sem que explicite as razões

---

3. Ao sumarizar a discussão sobre a simbólica do mal, Ricœur (1986) recoloca-a na dimensão da liberdade humana: o mal não é fatalidade, nem necessidade, mas diz respeito à problemática da liberdade do sujeito humano, sujeito da lei e da moral. Abandona o plano especulativo e afirma que sua pergunta é o que fazer contra o mal, pois todo mal cometido por alguém seria mal sofrido por outrem. Antropólogos também não conseguem fugir dessas escolhas, nem mesmo pelo relativismo moral que contextualiza o mal em cada cultura particular. Seu dilema

de suas escolhas ou sem que se torne consciente delas. Além disso, ele estuda sociedades e em todas elas encontrará uma idéia do mal cometido pelo próprio homem, que precisa de algum modo ser controlado ou combatido, e o é. Mais problemas éticos e políticos terá quando a "sociedade" em foco não é do tipo "casamos com os nossos inimigos", mas "matamos os nossos inimigos".

Só negando o processo de institucionalização que percorre toda a história da humanidade poder-se-ia afirmar que o ser humano é apenas atrapalhado pelo Estado-Leviatã, monstro violento e destrutivo que pretende domesticá-lo, retirando-lhe suas qualidades inerentes. Ou ainda que o mal está em Leviatã que provoca o seu aparecimento no interior dos homens feitos dóceis, com o inconsciente destruído na disciplinarização das práticas institucionais de controle social sobre os corpos e as mentes. Esta visão do Estado está baseada na sua negatividade e ignora o seu caráter duplo, de duas faces, como as de Janus: uma face para a repressão, outra para a afirmação de direitos. Se o discurso antropológico no Brasil foi dominado pelas idéias rousseauistas do "bom selvagem" e as estruturalistas de um consenso formal, o discurso filosófico e político, que centra a violência como a resposta à tirania ou à exploração, ignora os aspectos positivos da cidadania que só existe por causa da invenção do Estado.

Ora, a luta contra Leviatã termina na universalização dos direitos de cidadania e na extensão do conceito para incluir direitos das minorias, garantidos por um Estado constitucional. É preciso admitir, portanto, no plano político, a mesma tensão entre o universal e o particular já pensada no plano das idéias, sem que o antropólogo venha a trair os princípios (e valores morais) do relativismo que se opõe a qualquer forma de imperialismo. Habermas (1988, 1990), ao criticar a filosofia do sujeito monológico subjacente ao Iluminismo que propõe uma verdade, uma justiça e uma beleza universais, busca uma nova unidade na diversidade das verdades, justiças e belezas. Esta unidade está baseada na possibilidade de diálogo entre os diferentes, por sua vez garantido pelo uso de regras universais formais. A própria idéia dos direitos de minorias é universalista e não tem sentido senão num contexto cultural e institucional em que os demais direitos, inclusive o direito à vida e à liberdade de expressão sejam vigen-

---

moral põe-se, pois, nos parâmetros da filosofia moral de Kant (Soares, 1991), em que a faculdade humana do julgamento, que nega o automatismo do hábito ou a obediência cega, dar-se-ia no plano da vontade, nunca da lei positiva ou da lógica do sistema (Arendt, 1963:121).

tes. Trata-se de um universalismo de novo tipo, não mais o universalismo com um centro único de idéias substantivas. O direito à diferença passa, pois, pelo discurso individualizante, a um só tempo universal e particular, da cidadania.

Desta maneira, pode-se finalmente desfazer a confusão entre igualdade perante o direito e indiferenciação cultural, igualdade cidadã e uniformização social, igualdade na lei (feita de direitos e responsabilidades) e atomização dos indivíduos na sociedade disciplinar, decorrente de engenharia institucional burocratizante e autoritária. Evita-se, do mesmo modo, o efeito político de profetizar o abismo entre grupos sociais com culturas diferentes e contribuir para cumprir a profecia, mantendo a exclusão dos grupos despossuídos, sem acesso às linguagens que hoje facilitam a comunicação e, portanto, a conquista da hegemonia. Em suma, sem garantias aos direitos da cidadania.

Por outro lado, a existência de um pano de fundo dos saberes tácitos e implícitos, considerados na Fenomenologia como o mundo que caminha por si, portanto fora da reflexão, não pode ser dada como verdadeira em qualquer época, em qualquer lugar, nem muito menos para o conjunto complexo de tradições e culturas recém-criadas que caracterizam o mundo de hoje. Os conceitos de interação cultural ou configuração ideológica podem nos ajudar a mapear teoricamente as dificuldades de lidar com sociedades recortadas por muitas divisões, e com culturas montadas pela junção, superposição ou articulação de idéias e regras muito diferentes entre si, como é a brasileira.

O problema teórico básico está no consenso social pressuposto em cada grupo focalizado, que só poderia ser inferido a partir do "olhar de fora" do observador privilegiado (Zaluar, 1985). O resultado é a imagem da cultura como um sistema fechado em si mesmo, naturalizado a tal ponto para os nativos que não há possibilidade do estranhamento ocorrer entre eles. De mais a mais, onde existirão esses mundos fechados, sem atores que pensem ou criem a partir do distanciamento de suas línguas (culturas) naturais? Certamente não em qualquer sistema complexo, especialmente no mundo urbano, em que a participação simultânea em várias regiões e a interpenetração das redes sociais abertas (Hannerz, 1980) produzem o que Bakhtin (1981a e b) chamou de "interanimação crítica das linguagens". Mas será o estranhamento ou o distanciamento um processo do pensar exclusivo à racionalidade moderna? Segundo Bakhtin, nem mesmo o camponês escaparia dos dilemas da escolha e da relativização dos seus mundos sociais, pois rezava a Deus numa língua, cantava cantigas em outra, falava com seus parentes numa terceira e ditava petições para as autoridades numa quarta (Bakhtin, 1981a).

Com a "interanimação crítica", a escolha entre linguagens e o estranhamento de cada uma delas criam essa força simbólica que faz com que qualquer ser humano (e não apenas antropólogos e críticos literários) parem de tomar sua linguagem ou sua cultura naturalmente, tacitamente, automaticamente. O desvelamento crítico é, portanto, conseqüência dos encontros interculturais que podem acontecer até mesmo entre os que ocupam posições diferenciadas num mesmo agrupamento social. A tensão não está, neste caso, entre o saber tácito e pré-reflexivo da linguagem cotidiana e o saber sofisticado e reflexivo da teorização científica, mas se dá no interior mesmo de qualquer sociedade, de qualquer cultura.

As tensões internas a qualquer sistema cultural (e social), no entanto, podem ser lidadas de diversos modos: pela exibição teatral em praça pública, como na tragédia grega; pela discussão de seus pressupostos do justo, do certo, do útil e do bom, e das regras para atingi-los, tal como acontece em muitos sistemas jurídicos da tradição democrática anglo-saxã quando se quer chegar à decisão considerada consensualmente mais justa (Cardoso de Oliveira, 1989); pela repetição de compromissos que não esclarecem nem dissolvem a tensão e que são instrumentados pelas estratégias do indivíduo manipulador, tal como parece acontecer em muitas sociedades tribais africanas e, dizem alguns autores, no Brasil; ou por diversas combinações dessas possibilidades numa mesma sociedade que a cegueira teórica do pesquisador não permite perceber.

Ao se desconstruir a cultura identidária e unitária, as interfaces entre os múltiplos arranjos culturais — polifônicos, polissêmicos ou poliglotas — é que se tornam o atrativo para o antropólogo, pois são elas que revelarão as possibilidades e os limites do entendimento racional entre seus nem tão cegos praticantes, assim como a interpenetração de seus vários mundos. O mundo do crime organizado, por exemplo, não está tão distante do mundo empresarial, nem muito menos do mercado — seus valores e suas regras. Na linguagem cotidiana dos bandidos isto está presente, assim como estão presentes suas relações com a família, os vizinhos, os trabalhadores. Muitos deles participam simultaneamente das exigências do mundo do trabalho e do crime. E todos acabam por tomar contato com a cultura jurídica hegemônica nas instituições supostamente encarregadas de reprimi-los, mas com as quais acabam fazendo diversos tipos de acordo e de compromisso. Mas a grande diferenciação interna entre eles, que impede o aparecimento de uma identidade única, torna difícil a utilização dos instrumentos disponíveis na Antropologia para delimitar, analisar e resumir em algumas regras e princípios essa móvel e camaleônica atividade de driblar o socialmente aprovado. Por fim, sua adesão circunstancial e carregada de dúvidas aos valores e regras de uma atividade que os coloca cotidianamente em contato com a morte, com a guerra, faz desses indivíduos personagens trágicos, em conflito consigo mesmos, com seus parceiros, com suas prováveis vítimas. A autoconsciência destes conflitos, embora esteja longe de ser completa, não pode ser confundida com a cegueira absoluta de quem apenas segue os determinismos do social e do cultural.

Por outro lado, só a etnografia pode trazer ao conhecimento de todos o saber por eles acumulado a respeito das falhas, incoerências, discriminações e hipocrisias das instituições jurídicas. Por participarem ao mesmo tempo destas instituições, do mercado, da empresa, da vizinhança pobre e da família, suas falas registradas em entrevistas iluminam de modo inesperado as relações e as superposições entre esses vários mundos. E a ética do antropólogo está em fazer a crítica desse arranjo institucional e dessa configuração ideológica que leva tantos jovens à guerra, à droga, à morte. É principalmente a discriminação básica do nosso sistema policial e jurídico, que só identifica como criminoso o delinquente oriundo das classes populares, que convém ressaltar. A pobreza, então, deixa de ser a explicação para a criminalidade, afirmação comum entre cientistas sociais que só aumenta os preconceitos contra os pobres, e passa a ser a razão para a colocação, com sucesso, do rótulo de criminoso no bandido pobre.

Este diálogo de perspectivas fica fora da falsa alternativa entre vozes eternamente em discordância e confronto, como na cacofonia, ou entre vozes fundindo-se pela unanimidade superficial, pela mera imitação, pela identidade forçada ou mesmo pela união de perspectivas. Entre as duas, estão várias possibilidades. A alternativa para o desacordo perene não é a incorporação forçada de uma voz pela outra, nessa unificação meramente positiva ou violenta que Habermas (1988) caracteriza como a falsa identidade em que um se submete ao outro, e o outro se impõe como poder absoluto. Dois falantes nunca se entendem completamente nem nunca concordam inteiramente, e é a continuidade desse hiato que permite a permanência do diálogo, em que ambos se modificam no processo de entendimento (Bakhtin, 1981b). Dele pode resultar a concordância voluntária, e não forçada, com uma verdade unificada que inclua as verdades parciais de cada ponto de vista, mas que é maior do que cada uma delas tomadas separadamente.

No plano da cultura, é o acordo dialógico que faz dela uma unidade aberta, não coagida pela força, nem reproduzida automaticamente pelo hábito. No plano da interpretação antropológica, esta é a saída para as armadilhas do relativismo radical que equaliza todas as verdades parciais, mesmo as que usam e abusam da violência ou da inculcação automática como modo de se impor às outras[4]; para o subjetivismo ingênuo que vive o sonho impossível de reproduzir a subjetividade alheia e acaba repetindo apenas a subjetividade do próprio antropólogo; para o objetivismo arrogante que garante de antemão, antes do diálogo, a verdade superior do observador privilegiado. Do mesmo modo, fica possível pensar em mudanças de perspectivas, dos atores e dos autores, ou a compreensão de pressuposições não questionadas anteriormente, através do acordo entre as partes ou entre os pares. As falsas alternativas entre Caribdis e Cila, entre a cultura em unidade consigo mesma num mundo fechado ou a eterna resistência de uma cultura (dominada) a outra (dominante) num mundo de confronto e de conflito interminável, podem ser superadas pela dialética das mútuas e várias passagens, empréstimos, devoluções, desafios e negociações que acontecem num mundo de encontro e de disputa.

CRIME E VIOLÊNCIA, MALES A COMBATER

A discussão pública sobre a violência e a criminalidade criou uma perigosa divisão que ameaça a frágil democracia brasileira. De um lado estão os libertários. A partir da afirmação de que a sociedade é criminosa, na medida em que, por ser desigual e iníqua, sustenta uma ordem que contém, controla e limita desejos e paixões individuais, acabam por atacar qualquer ordem social, especialmente quando parte do Estado. Viva a desordem, é o seu lema. No outro extremo, estão os que, em virtude do medo e da indignação pelos horrores praticados pelos insubordinados bandidos de hoje, pensam que a ordem deve ser mantida a qualquer preço, sem considerar as perdas da liberdade individual. Viva a ordem, entregue-se tudo a Leviatã, é o seu atual desejo. A manutenção do atual dilema pode nos levar ou ao caos e à extensão do estado de guerra a todos, ou então ao recrudescimento da ordem autoritária.

---

4. É preciso lembrar que a violência, enquanto instrumento ou meio para conseguir o domínio sobre o outro, baseia-se na morte, na destruição, na submissão completa e na derrota deste. A hegemonia, ao contrário, usa a palavra como instrumento de persuasão, convencimento e crítica, estimulando o exercício da racionalidade entre as partes em disputa.

Mas no uso sistemático da violência que se observa hoje no Brasil, o objeto dela não está delimitado enquanto identidade coletiva clara, considerada como o inimigo a ser vencido para que a justiça seja feita. Do ponto de vista de seus agentes, inclusive os pobres, além do estilo de vida dos ricos, o sentido desta atividade é levar os princípios do mercado ao paroxismo e aplicá-los a qualquer coisa, inclusive a vida humana: mata--se por certa quantia de dinheiro, traficam-se pessoas adultas e crianças. No plano político, isto significa reduzir os conflitos às relações interpessoais e individuais, abandonando-se as coletividades enquanto grupos de interesse ou de posições ideológicas.

Por isso mesmo, a correlação entre pobreza e criminalidade ou entre pobreza e violência deve ser problematizada. Atribuir apenas à pobreza, que sempre existiu no país e que teve vários indicadores melhores nas décadas de 70 e 80, o incrível aumento da criminalidade e da violência observado nestas duas últimas décadas, especialmente na última, é alimentar preconceitos e discriminações contra os pobres. Além de constituir um erro de diagnóstico, que pode tornar ineficazes as políticas públicas adotadas a partir dele, tal postura tem efeitos políticos desastrosos.

Pesquisa do CBIA (órgão do Ministério da Previdência Social) aponta grande aumento de mortes violentas nos últimos anos: 3,1 mortes de crianças e adolescentes por dia em todo o país em 1988; 5,6 mortes em 1990. As mortes violentas ou por causas externas agregam o número de mortes por cinco diferentes causas, a saber: acidentes de transporte, outros acidentes, suicídio, homicídio e outras violências. Em São Paulo morreram assim 853 jovens em 1990; no Rio de Janeiro, 442. Segundo a mesma fonte, os jovens brasileiros de 15 a 18 anos morrem mais de assassinato do que de qualquer outro motivo. Na faixa de idade que vai de 5 a 11 anos figuram, em primeiro lugar, os acidentes de trânsito. Desta idade em diante, os homicídios provocados por armas de fogo lideram as estatísticas com 39% do número total de mortes, seguidos dos acidentes de trânsito (26%), outros tipos de armas (12%) e afogamento (11%). Dos 39% de mortes provocadas por armas de fogo, 78% atingiram jovens entre 15 e 18 anos de idade, 10% entre 12 e 14 anos, 8% entre 5 e 11 anos, 4% entre 0 e 4 anos. Faleiros (1993) calcula que 70% das mortes violentas em todo o Brasil atinjam adolescentes entre 15 e 17 anos, 50% das quais seriam atribuídas à ação de grupos de extermínio, 40% a grupos de traficantes e 8,5% à polícia. Conseqüentemente, são os adolescentes acima de 14 anos de idade, e não as crianças que estão sendo sistematicamente mortas. O quadro da mortalidade mudou no país. A principal causa de morte entre crianças não é mais a desnutrição, nem as doenças parasitárias e infecciosas ocupam os primeiros lugares tendo em vista a população como um todo. Na década de 80, as doenças de circulação e os cânceres eram os primeiros, e as mortes violentas ocuparam o terceiro lugar em todo o país. Os homens, principalmente na faixa de idade de 15-39 anos, foram as maiores vítimas de mortes por causas externas (84%), ou seja, na proporção média de 8 homens para cada mulher. Em acidentes de trânsito morreram 75% de homens; por homicídios intencionais 92% de homens nos principais centros urbanos do país. A violência, além de piorar a qualidade de vida porque o medo e a insegurança criam mais um problema para todas as famílias, também piora os já combalidos hospitais do país. Nos hospitais públicos e conveniados, 888 576 internações são feitas por ano para tratamento de vítimas de acidentes e crimes violentos, com custos altíssimos para o sistema que já sofre pela falta de verbas para atender os doentes, os idosos e as crianças.

Estudo recente (Zaluar *et allii*, 1994) conseguiu fazer uma comparação nacional dos dados sobre um dos indicadores de criminalidade e violência que são os números de mortes violentas em todo o país, centralizados pelo Ministério da Saúde. Em 1989 os três estados que apresentavam taxas de mortalidade violenta bem acima dos demais — em torno de 140 mortes para cada 100 000 habitantes) eram Roraima, Rio de Janeiro e Rondônia. Dois deles novíssimos estados de ocupação recente e crescimento populacional acelerado na década de 80, as maiores do país, o outro, um dos mais antigos, que abrigou a capital federal por 250 anos, com um crescimento populacional de apenas 1,13%, um dos menores do país. Num segundo patamar, beirando a taxa de 90 mortes violentas para cada 100.000 habitantes, estavam Mato Grosso, São Paulo, Goiás e Mato Grosso do Sul, estados estes que mostraram maior pujança da agroindústria e de enriquecimento por atividades produtivas no país. Mato Grosso também apresentava uma taxa de crescimento populacional alta, mas não os demais. Bem próximos a estes, com taxas em torno de 70 mortes, estariam o Distrito Federal e os estados do Espírito Santo, de Pernambuco e do Rio Grande do Sul, os dois últimos perdendo população devido à migração para outros estados, o primeiro recebendo menos migrantes do que recebeu no passado. Junto à média nacional de mortes violentas estão Santa Catarina, Alagoas, Paraná e Acre, dois estados da rica região Sul de onde partiram muitos migrantes destinados às regiões Centro-Oeste e Norte, um estado da região Nordeste famoso porque nele os conflitos interpessoais seriam resolvidos à bala, mas que apresenta um dos mais baixos crescimentos populacionais do país, e um novo estado da região Norte, que continuou a crescer muito rapidamente: o Acre.

Além disso, os estados que apresentam as taxas de mortalidade violenta mais baixas do país, bem abaixo das médias nacionais, são também os estados mais pobres: Maranhão, Piauí, Ceará, Rio Grande do Norte, Pará, Paraíba e Bahia. O Maranhão, lanterninha das mortes violentas, sofreu um incremento populacional na década de 80, assim como o Piauí, o Ceará e o Rio Grande do Norte, maior do que o Rio de Janeiro, Paraná, Pernambuco e Rio Grande do Sul, estes últimos com taxas de mortes violentas mais elevadas do que a média nacional.

Quando se exclui os acidentes e os suicídios, o gráfico dos estados modifica-se: Roraima continua liderando a taxa de mortalidade com 107,30, enquanto o Rio de Janeiro baixa a sua taxa consideravelmente para 94,63 e Rondônia ainda mais dramaticamente para 55,19. A conclusão óbvia, visto que os suicídios têm taxas baixíssimas em todos os estados da Federação, é de que os acidentes são mais numerosos e estatisticamente importantes nestes dois estados, especialmente no último, do que no primeiro. São Paulo desce de 91,64 para 35,44; Alagoas de 71,38 para 35,19; Mato Grosso do Sul de 89,83 para 36,30: Pernambuco de 79,42 para 49,26; Paraná de 69,32 para 18,54; Santa Catarina de 71,57 para 13,27 pelos mesmos motivos. No Nordeste a exceção seria Pernambuco, cuja posição é pouco alterada e Sergipe que revela um dramático aumento de homicídios e outras violências. Excetuando Tocantins, o estado de criação recentíssima, os lanterninhas continuam sendo os mais pobres e de povoamento mais antigo do país, justamente aqueles que levavam a fama por estarem na região do país onde tradicionalmente os conflitos interpessoais se resolveriam à moda sertaneja na violência costumeira. São eles os estados do Maranhão, Bahia, Ceará e Rio Grande do Norte.

A violência dos estados parece ter, a julgar pelas estatísticas, um cenário urbano. Rio Branco, capital do Acre, coloca o estado entre os líderes dos assassinatos no país, com a taxa de 63,79 em 1987. Rio de Janeiro, Recife e Aracaju também se encontram entre estes, revelando que em todos os estados mencionados o homicídio é problema eminentemente urbano. As capitais lanterninhas são as de Santa Catarina, Amapá, Piauí, Minas Gerais, Bahia, Ceará, Mato Grosso, Paraná e Maranhão, com taxas em torno de 20. Nestas capitais estão algumas das mais ricas e das mais pobres cidades do país.

Dentre os movimentos migratórios mais surpreendentes do país, e que desfazem os preconceitos raciais e étnicos que tentam explicar a violência, é o que levou um número estimado de 1,5 milhão de agricultores do interior do estado do Paraná para outros da Federação, durante o período 1980-1986 principalmente em direção a Rondônia (Martine, 1994: 18), um dos campeões da violência no Brasil. Já a capital do estado, Curitiba, que provavelmente recebeu a maior parcela do outro milhão de pessoas que se deslocou para áreas urbanas do próprio estado, apresentou uma das taxas de homicídio mais baixas da Federação, a indicar que a explicação para tão inusitado fato pode estar justamente nas atividades e nos equipamentos institucionais encontrados no ponto final da migração, mais do que no movimento migratório propriamente dito ou na etnia dos migrantes.

Perdem força explicativa as teorias repetidas *ad nauseam* acerca do migrante rural tradicional, inadaptado nas grandes cidades, epitomizado em livros, novelas e filmes, recriado nas teorias de senso comum, parte do imaginário da população do sul do país, como o personagem central da violência urbana, em especial o morador da favela do Rio de Janeiro e o nordestino que vive em São Paulo. Estamos diante de novos fenômenos da criminalidade moderna e da violência que dela faz parte, muito diferente da violência costumeira dos sertões brasileiros, onde imperava um código de honra muito claro e conflitos interfamiliares agudos.

As regiões metropolitanas brasileiras, nas quais se encontram os maiores contingentes de pobres do país, assim como os chamados migrantes de segunda geração, permitem examinar o possível impacto da concentração de pobreza numa mesma área urbana densamente povoada. Todas as regiões metropolitanas brasileiras, com exceção de Belo Horizonte, pioraram as taxas de mortalidade, seja a que soma homicídios a "outras violências", seja a que, além destas mortes assim classificadas, inclui acidentes de transporte. Se Belo Horizonte liderou as taxas de acidentes de transporte durante toda a década, com taxas que variaram de 22 a 32 para cada 100 mil habitantes, foi a única metrópole que conseguiu diminuir a taxa de homicídios, mesmo quando se adiciona outras violências: cai de 19,3 para 17. A Grande São Paulo duplica sua taxa de homicídios e outras violências (de 27 para 48,26) e exibe o maior aumento quando considera-se apenas os homicídios: de 21,64 para 44,30. O Grande Rio não chega a dobrar a sua taxa de homicídios somados às outras violências, pois já começou a década com uma taxa alta (48) e termina a década com a taxa de 93,24. Visto que a Secretaria de Saúde do Rio de Janeiro calcula que 50% das outras violências são devidas a acidentes, descontando-se estas a taxa deveria baixar substancialmente.

As regiões metropolitanas de pior desempenho no que se refere às mortes violentas são indiscutivelmente aquelas em que estão os maiores contingentes de pobres e miseráveis do país — São Paulo, Rio de Janeiro e Recife —, mas não as com maiores proporções de pobres, no caso das duas primeiras. Todas as regiões metropolitanas brasileiras, embora ainda com altos percentuais de pobres entre seus habitantes, melhorou sua posição na década de 80 (apud Rocha, 1992). As únicas exceções seriam Porto Alegre e Rio de Janeiro. Porto Alegre, como todas as outras metrópoles, melhorou sua posição sensivelmente em 1986 e piorou quase quatro pontos percentuais até 1990. Rio de Janeiro, que vinha diminuindo seu percentual de pobres até 1988, sofreu, no final da década, um aumento espetacular de 10 pontos percentuais em relação aos números de 1986 (de 23.2 para 32.7 em 1990). Foi, sem sombra de dúvida, a região metropolitana que mais empobreceu, mas só o fez a partir de 1988, quando sua taxa de homicídios já havia dobrado. São Paulo manteve a mesma proporção de pobres que tinha no começo da década, o que não explica o aumento das taxas de mortes violentas e de homicídios ao longo da década de 80. Recife, a região metropolitana brasileira que tem a maior proporção de pobres (48,5 em 1990), quatro vezes maior do que a de Curitiba, é a única que pode demonstrar a correlação entre alta proporção de pobres e alta taxa de mortalidade violenta e de homicídios, aquela proporção, porém, bem menor do que a do Rio de Janeiro que, tendo relativamente menos pobres, supera Recife nestas taxas de mortes. Em outras palavras, a pobreza não é a única explicação para o que acontece.

Quando se examina a questão sob o ângulo do incremento populacional do núcleo e da periferia das regiões metropolitanas, verifica-se que as maiores taxas de mortalidade violenta e de homicídios também não acompanham nem o aumento da população global nem o da periferização, ou seja, o aumento populacional na periferia. Rio de Janeiro, São Paulo e Recife foram as três metrópoles que menos cresceram na década e as que apresentaram taxas mais altas de mortes violentas e homicídios. Foi no Rio de Janeiro também que a periferia menos cresceu em todas as metrópoles brasileiras, mas São Paulo e Recife apresentam taxas maiores de periferização, com municípios de elevada taxa de crescimento e uma população pobre vivendo em precárias condições urbanas, de infra-estrutura e de serviços públicos insuficientes, além de direitos de cidadania, especialmente os civis, muito limitados. Estas três metrópoles hoje acumulam as conseqüências da urbanização desordenada, sem política urbana adequada para enfrentá-la, mera resultante de ilusões criadas pelas ondas de desenvolvimento econômico que alimentaram a atração da cidade grande sem criarem os empregos necessários para atender tanta gente que se deslocou para as metrópoles nas décadas anteriores. Entretanto, Belo Horizonte, cuja periferia cresceu bem acima da média nacional para periferias, conseguiu diminuir suas taxas de mortes violentas. Curitiba, Fortaleza e Salvador, as que mais cresceram e também as que apresentaram taxas altas de crescimento populacional nas suas respectivas periferias, tiveram as taxas mais baixas de homicídios e outras violências entre as regiões metropolitanas, embora com tendências a aumentar, especialmente Salvador.

Como em São Paulo e no Rio de Janeiro, a violência urbana é sobretudo metropolitana, ou seja, é nos municípios que formam a periferia da região metropolitana, assim como no seu núcleo, a capital do estado, que as altas taxas de mortes violentas e homicídios se encontram. O interior desses estados não apresenta as mesmas altas taxas. Estes dados vêm a sugerir o exame de uma antiga teoria da sociologia criminal que afirma que não são os migrantes, mas a segunda geração, os que mais facilmente escolhem o caminho da delinqüência quando jovens, por já terem incorporado os valores materiais de sucesso nas grandes metrópoles sem terem conseguido obter as oportunidades ou meios legais para atingir aqueles fins (Merton, 1938). As progressivas dificuldades de encontrar emprego, e os baixos salários, no Rio de Janeiro fariam desta região metropolitana a mais propensa a confirmar a teoria das poucas oportunidades, só que nos crimes econômicos, contravenções e nos chamados crimes contra o patrimônio, mas não nas mortes e nos crimes violentos, ou seja, nos crimes contra a pessoa, crimes estes muito menos relacionados com a pobreza. Nenhum desses fatores pode, sozinho, explicar esta espetacular taxa de aumento dos crimes violentos na década de 80.

No caso das maiores regiões metropolitanas brasileiras, é a maior visibilidade da privação relativa, e não a carência propriamente dita, que reforça a "motivação para o ato desviante", nos termos de Howard Becker. Só que esta motivação, para se efetivar, sofre os efeitos combinados das novas formas de organização familiar, dos novos padrões de consumo, do novo *ethos* do trabalho, do hedonismo, do sistema escolar, das políticas públicas para o menor e para o usuário de drogas, da crise institucional e da presença de uma organização criminosa que se fortaleceu ao longo de toda a década de 80. Prova disto é o percentual baixo de pobres entre os pobres que optam pela carreira criminosa que calculei em menos de 1% em relação ao total da população de um bairro pobre do Rio de Janeiro: 380 pessoas pertencentes às quadrilhas de traficantes e aproximadamente 1.200 pessoas envolvidas com roubos e furtos, de uma população calculada entre 120.000 e 150.000 pessoas (Zaluar, 1994a, *passim*).

A participação relativa dos jovens como agentes e vítimas da violência urbana é outra característica na qual o Brasil segue a tendência encontrada no panorama internacional, especialmente no continente americano (Paixão, 1988; Coelho, 1988; Caldeira, 1992; Adorno, 1992). A participação de jovens infratores ("menores") já era três vezes maior em 1985 do que em 1982 (Coelho, 1988).

Para compreender tal fato, é preciso começar pela investigação de como a pobreza afeta os jovens. De fato, houve no Brasil, assim como em outros países do mundo, um processo de feminização e de infantilização da pobreza. Dados do IBGE (Ribeiro e Saboia, 1993) indicam que, em 1989, 50,5% das crianças e adolescentes brasileiros pertenciam a famílias com renda familiar per capita de menos de 1/2 salário mínimo, enquanto 27,4 pertenciam a famílias com menos de 1/4 de salário mínimo. Destas últimas, 56% pertenciam a famílias cujos chefes eram mulheres. Mais de 40% das famílias chefiadas por mulheres se encontravam abaixo da linha de pobreza, enquanto cerca de 30% das famílias nucleares completas se encontravam nesta situação. Além disso, qualquer que seja o critério adotado para calcular a pobreza, não existem dúvidas sobre a correlação entre baixa escolaridade e baixa renda. Os trabalhadores analfabetos ou com um ano de escolaridade constituem, segundo os dados do IBGE, 72% dos trabalhadores pobres do país. Os que obtêm 5 anos de escola ganham 55% mais do que a média dos salários no país, no qual 60% dos trabalhadores ganham menos do que 130 dólares mensais. O aumento da proporção de famílias chefiadas por mulheres e de crianças com menos de 10 anos nas famílias de percentis de renda mais baixa no país é fato apontado por numerosos estudos (Ribeiro da Silva, 1987; IBGE, 1990; Henriques & Valle e Silva, 1989; Rizzini, 1993; Barros e Mendonça, 1993). Mas esses dados explicam melhor o fenômeno da criança de rua, que pouco a pouco corta seus laços com a família e a escola e passa a viver na rua, ligada aos seus pares, crianças e adolescentes de rua como ela. A relação destes não tão recentes mas muito jovens personagens urbanos, que sempre foram conhecidos das ruas das grandes cidades brasileiras, com o aumento da criminalidade se deve ao fato de que eles são submetidos a toda espécie de usos e abusos, inclusive dos adultos pertencentes às redes de receptação de objetos roubados, assim como dos policiais corruptos. Por uma série de problemas das políticas públicas no setor, que analisei em outro texto (Zaluar, 1994b), é muito alta a incidência destes personagens que terminam povoando as prisões brasileiras, acusados de crimes cada vez mais graves. Mas não é a criança de rua a chave do enigma que queremos desvendar.

É fato também que, para compensar as perdas salariais advindas do processo inflacionário, assim como as novas demandas de consumo por bens duráveis e de vestuário, as famílias pobres passaram a recorrer ao trabalho infantil e juvenil para complementar a renda familiar. Vários trabalhos apontam para o aumento deste esforço de trabalho no setor urbano da população durante a década de 80 (Ribeiro da Silva, 1987; Madeira, 1988; Valadares, 1990; Rizzini, 1993). No entanto, o maior contingente destes jovens e crianças, muitos dos quais trabalhando na rua, permanece ao largo das atividades criminosas (Zaluar, 1994b), embora coloque-os em posição mais vulnerável à influência dos grupos organizados de criminosos. Apenas pequena parte daqueles jovens termina envolvida pelas quadrilhas de ladrões ou de traficantes, para os quais trabalham de arma na mão e vida no fio. Não basta, pois, explicar o envolvimento pela vontade ou necessidade iniciais de ajudar a família na complementação da renda familiar, e a falta de emprego para eles, embora esta necessidade permaneça no pano de fundo.

Um dos mistérios seguintes é por que crianças e jovens pobres não permanecem na escola, apesar do crescimento da rede escolar em quase todo o país. Tanto o analfabetismo quanto a baixa escolarização destas crianças e adolescentes podem ser parcialmente explicados pela necessidade de ingresso prematuro no mercado de trabalho para complementar a renda familiar insuficiente. Além disso, a repetência continuada, cuja análise apontaria muito mais as falhas do próprio sistema escolar, é um problema real no sistema de ensino brasileiro que pouco melhorou ao longo das décadas: na de 30 a taxa de repetência média era de 60%, na de 80 era de 50% (Costa Ribeiro, 1991). Daí afirmar-se que este seria o motivo que leva alunos pobres a desistirem cedo da escola, embora também atinja alunos de outras classes sociais. Dos alunos que se encontram entre os 10% mais pobres 75% são repetentes, enquanto entre os 10% mais ricos a repetência atinge 40%, uma média bem acima da encontrada em outros países (Glazer, 1986). A culpabilização dos alunos pobres, decorrente da ausência de crítica à escola no que se refere à qualidade do ensino seria, para esta corrente, o aspecto mais perverso do atual sistema escolar na medida em que contribui para diminuir a auto-estima e criar uma auto-imagem negativa entre aqueles alunos (Costa Ribeiro e Paiva, 1993). Esta é outra das sementes da criminalidade que, encontrando o meio propício, florescerá (Zaluar, 1994b).

O quadro oferecido pela própria violência urbana já estabelecida fecha o circuito da baixa escolaridade —> baixos salários —> atração pelas quadrilhas, pois também tem afastado alunos pobres da escola. O tiroteio cada vez mais comum nos bairros populares e favelas, o uso de armas de fogo dentro de prédios escolares onde já ocorreram várias mortes de alunos e a proibição expressa de traficantes têm provocado mudanças de escola de um bairro para outro prejudiciais ao rendimento escolar do aluno, ou simplesmente faltas repetidas na mesma escola. Por fim, a relação com o professor e demais figuras de autoridade hoje está afetada pelo uso cada vez mais comum de armas de fogo. A mera existência de opções informais do mercado ilegal de drogas e demais crimes contra a pessoa e contra o patrimônio afeta a visão da educação e da profissionalização (Guimarães, 1992).

A existência deste novo mercado informal-ilegal é o fator que falta para o entendimento do que se passa nas cidades brasileiras. A comparação das capitais de Roraima e Rondônia, com as quais a região metropolitana do Rio de Janeiro equipara-se em mortes violentas, sugere até que mais importante do que a migração ou a pobreza é a existência das frentes de expansão agrícola, do garimpo, bem como do tráfico de drogas, cujas atividades estimulam a competição individual desenfreada com pouco ou nenhum limite institucional nas conquistas e na resolução dos conflitos interpessoais (Zaluar, 1994a). No Rio de Janeiro, "frentes de expansão" artificiais, devidas a escolhas político-institucionais, apareceram num espaço urbano densamente povoado por meio de práticas aprovadas e estimuladas por governos estaduais e municipais. A ocupação das principais ruas pela camelotagem informal e ilegal misturou uma saída para o desemprego com o crime organizado, este ainda mais patente nos ferros-velhos e ourivesarias que viraram centros de receptação e de organização do crime. O tráfico de drogas e de armas, que penetrou com incrível facilidade no segundo principal centro urbano do país, completou o quadro de fraqueza institucional e opção fácil pelo crime.

Assim sendo, os efeitos da pobreza e da urbanização acelerada no aumento espetacular da violência nos últimos anos não serão compreendidos se não forem acompanhados da análise dos mecanismos institucionais e societais do crime organizado. Este atravessa classes sociais, tem organização empresarial e não sobrevive sem o apoio institucional das agências estatais incumbidas de combatê-lo. Ou seja, as próprias instituições encarregadas de manter a lei tornam-se implicadas com o crime organizado. Sem isso, não seria possível compreender a facilidade com que armas e drogas chegam até as favelas e bairros populares do Rio de Janeiro. A corrupção e a política institucional, predominantemente baseada em táticas repressivas da população pobre, adicionam mais efeitos negativos à já atribuída existência dos pobres. A conivência e participação de policiais, e de outros atores políticos, na rede do crime organizado é peça fundamental desse quebra-cabeça da repentina explosão de violência a partir do final da década de 70.

A outra é o envolvimento de jovens com os grupos criminosos onde ficaram à mercê das rigorosas regras que proíbem a traição e a evasão de quaisquer recursos, por mínimos que sejam, além de terem o rótulo de eternos suspeitos, portanto incrimináveis, quando são usuários de drogas. Ora, policiais corruptos agem como grupos de extorsão que podem ser rotulados de grupos de extermínio. Quadrilhas de traficantes e assaltantes não usam métodos diferentes dos primeiros e tudo leva a crer que a luta pelo butim entre eles estaria levando à morte os seus jovens peões. Todas as entrevistas feitas com os jovens envolvidos pelas quadrilhas em Cidade de Deus, pela equipe de pesquisa que coordenei, mencionaram o mesmo esquema de extorsão e terror da parte de policiais da região e a imposição de traficantes para que os pequenos ladrões dividissem o produto de seu roubo (Zaluar, 1994a). No esquema de extorsão e nas dívidas contraídas com traficantes, os jovens que começaram como usuários de drogas, foram levados a roubar, a assaltar e algumas vezes até a matar para pagar aqueles que os ameaçavam de morte, caso não conseguissem saldar a dívida. Muitos deles acabavam se tornando membros de quadrilhas, fosse para pagar dívidas, fosse para se sentir mais fortes diante dos inimigos criados, afundando cada vez mais nesse círculo diabólico que eles próprios denominam "condomínio do diabo".

A droga hoje associa-se a uma cultura de valorização do dinheiro, do poder, da violência e do consumismo. O seu comércio, como alhures, tornou-se uma enorme fonte de lucros altos e rápidos (Fonseca, 1992; Salama, 1993) e de violência. A demanda que garante os altos lucros do empreendimento é decorrência de mudanças no estilo de vida e nas concepções do trabalho, do sofrimento e do futuro. Depois da Segunda Guerra Mundial, o hedonismo colocou a prazer e o lazer à frente das preocupações humanas (Offe, 1989). O jogo, as drogas, a diversão tornaram-se o objetivo mais importante na vida para muitos setores da população, especialmente os mais jovens. O crime organizado desenvolveu-se nos atuais níveis porque tais práticas socialmente aceitáveis e valorizadas foram proibidas por força da lei, possibilitando níveis inigualáveis de lucros a quem se dispõe a negociar com estes bens. Os lucros não são gerados pela produtividade ou pela exploração maior do trabalho, mas pela própria ilegalidade do empreendimento (Salama, 1993; Fonseca, 1992).

Devido às nossas tradições inquisitoriais, a criminalização de certas substâncias, tais como a maconha e a cocaína, colocou na polícia um enorme poder. São os policiais que decidem quem irá ou não ser processado por mero uso ou por tráfico, porque são eles que apresentam as provas e iniciam o processo. No primeiro caso, a pena é de 6 meses a 2 anos de prisão. No segundo, o crime é considerado hediondo e a penalidade é de 3 a 15 anos na prisão. Jovens pobres mestiços, brancos ou negros, na quase totalidade do sexo masculino, são presos como traficantes por carregarem dois ou três gramas de maconha ou cocaína. Este processo, como nos Estados Unidos, contribui para a superpopulação das penitenciárias e adiciona ainda mais descrédito às nossas instituições penais e à justiça. "A cadeia está cheia de inocentes" foi uma frase ouvida comumente nas entrevistas feitas pela equipe de pesquisa. Para mostrar sua eficiência ou pressionados para provar que não fazem parte do esquema de corrupção, policiais prendem simples usuários ou pequenos portadores ("aviões") ou pequenos traficantes de drogas. Percentualmente, este tipo de crime não é o mais comum. No entanto, é a criminalização de um ato privado que atinge apenas a pessoa do usuário o fio da meada que desfaz o enigma do aumento da criminalidade violenta, esta sim perpetrada contra outrem. Pois é ela que equipa os policiais mal-intencionados com uma grande capacidade de pressionar e aterrorizar esses jovens a lhes pagar quantias altas que eles só obtêm por meio de atividades criminosas que faz de outras pessoas o seu objeto. É ela também que faz do jovem usuário um virtual prisioneiro do traficante, seja nas dívidas contraídas na compra de drogas, que podem se acumular na proporção da intensidade do vício para o qual não recebe nenhum tratamento médico, seja pela constatação de que só pode se livrar do policial, da justiça, da dívida ao traficante, dos inimigos reais e imaginários, aprofundando seus laços com a quadrilha e afundando cada vez mais na carreira criminosa. Mais tarde, se o processo for enviado finalmente para a Justiça, a sentença é dada muitas vezes com base na moralização da força de trabalho. Ou seja, se o jovem tiver um emprego regular, é mais provável que ele seja absolvido ou condenado por uso do que se ele for desempregado, favelado, negro e pobre. Nesse caso, muito provavelmente será visto como um hediondo traficante.

As vantagens do setor informal, interpretado como alternativa ao capitalismo empresarial oficial, dominante, explorador e opressivo, têm de ser repensadas. No setor informal, hoje, atividades empresariais altamente organizadas e ilícitas se valem do clima geral do vale-tudo. Invasões de terreno, apresentadas como política habitacional alternativa, e construção de casas e prédios nas favelas e loteamentos clandestinos são implementadas por grileiros e donos de imobiliárias que já enriqueceram com a revenda e o aluguel destes imóveis irregulares. Mesmo nos conjuntos habitacionais da

CEHAB, espertos e empreendedores líderes de invasões ocupam os espaços públicos das praças e ruas para fazer biroscas, bares e até garagens e revendê--los. Nas ruas da cidade, ocupadas por camelôs, objetos roubados de caminhões, de residências e de passantes, assim como objetos contrabandeados são vendidos tranqüilamente. Na atividade altamente rendosa do tráfico, poucas grandes organizações com vínculos internacionais comandam o atacado e controlam o varejo da comercialização desse tão valorizado bem. No varejo, pequenos traficantes (os únicos presos e identificados) realizam grandes lucros: com a venda de apenas 200 gramas de cocaína pagam um quilo ao "matuto" ou intermediário que a deixou em consignação. Dos 500% de lucro, a metade vai para o dono da boca, 30% para o gerente e 20% para o vapor. Os pequenos aviões não recebem salários, como se proclama. Recebem "cargas" para vender, pelas quais são responsáveis e têm acesso à droga para consumir um pouco. Só quando a vendem, conseguem uma pequena parcela dos lucros, a critério do chefe. Seu principal orgulho advém de fazer parte da quadrilha, portar armas, participar das iniciativas ousadas de roubos e assaltos e poder, um dia, ascender na sua hierarquia. Compreende-se, assim, por que tantos jovens pobres matam-se uns aos outros devido a rivalidades pessoais e comerciais, seguindo o padrão estabelecido pelo crime organizado que, além de criar as regras terroristas de lealdade e submissão, distribuiu fartamente armas de fogo moderníssimas para eles (Zaluar, 1994a). Em outras palavras, as principais vítimas dos crimes violentos são os próprios jovens pobres. Por causa da cadeia de vinganças pessoais, das quais são prisioneiros, especialmente cruel entre os traficantes de drogas. Por causa da falta de recursos políticos e econômicos que garantiriam a eles o acesso à segurança, à Justiça e ao atendimento médico enquanto usuários abusivos de drogas. Hoje, é fato aceito que a necessidade de pagar ao traficante leva o usuário a roubar, assaltar e algumas vezes a escalar o seu envolvimento no crime, especialmente quando ele não tem uma família de classe média que pague sua estada em centros de recuperação de drogados ou um bom advogado para livrá-lo de um curso de violência e crime em uma das penitenciárias do país. A ilusão do "dinheiro fácil" revela a sua outra face: o jovem que se encaminha para a carreira criminosa enriquece, não a si próprio, mas a outros personagens, que quase sempre permanecem impunes e ricos: receptadores de produtos roubados, traficantes do atacado, contrabandistas de armas, policiais corruptos e, por fim, advogados criminais sem escrúpulos. Estes dois últimos são os que terminam com os poucos bens móveis e imóveis que os jovens traficantes e assaltantes conseguem comprar.

O tráfico de drogas, organizado internacionalmente mas localizado nas suas pontas nos bairros pobres e nos centros de boemia das cidades, além de criar centros de conflito sangrento nessas vizinhanças, além de corromper as instituições encarregadas de reprimi-lo, também criou na população da cidade um medo indeterminado, aumentou o preconceito contra os pobres em geral, por tomá-los como os agentes da violência, e auxiliou a tendência a demonizar os usuários de drogas. Isto, por sua vez, facilitou o isolamento social do último, aumentou a sua dificuldade de conseguir tratamento médico para deixar a dependência à droga ou tratar os efeitos do uso indevido dela e o deixou nas mãos do traficante e do policial corrupto. As relações entre vizinhos, entre familiares, entre usuários e não-usuários de drogas, entre bandidos armados e trabalhadores desarmados, as relações dentro de suas organizações vicinais foram profundamente afetadas.

Em meados da década de 80, as principais associações de moradores nas favelas do Rio de Janeiro tornaram-se alvo do interesse dos chefes do tráfico passando a maioria delas para o controle dos grupos de traficantes e assaltantes, especialmente os vinculados ao Comando Vermelho. O efeito principal da presença indesejada dos grupos de tóxico foi o de tornar irrealizáveis as atividades rotineiras e as funções administrativas mais simples, tais como o pagamento da água que é coletivizada em quase todas as favelas, bem como outras despesas coletivas. O desalento tomou conta dos militantes do movimento que viram os moradores deixarem a associação. Eles já não conseguiam mais mobilizá-los para as suas reuniões, nem suas atividades conjuntas (Peppe, 1992). Isso facilitou, por sua vez, a presença cada vez maior dos traficantes na política local e a sua entrada nas associações, em algumas delas através do voto. Anteriormente, em algumas favelas, traficantes já exerciam o papel de segurança, eliminando ou afastando os que molestavam os trabalhadores e suas famílias. No final da década, eles passaram a oferecer também seus serviços, como coletores de taxas, o que poderia ser feito sem problemas devido ao medo que inspiravam nos moradores, e a financiar projetos comunitários, como praças de esportes. A ameaça ao movimento que reúne os trabalhadores pobres que moram em tais locais é evidente e extremamente desagregadora. Nenhuma resposta a estes problemas pode ser simples ou unilateral. Há que considerar os aspectos institucionais, políticos, culturais, sociais e econômicos da questão.

BIBLIOGRAFIA

ADORNO, Sergio
    1992: "Criminal Violence in Modern Brazilian Society, the Case of São Paulo", paper presented at the International Conference Social Changes, Crime and Police, Budapest, Hungary.

ADAM, J.-M.; BOREL, M.-J.; CALAME, C. & KILANI, M.
  1990: *Le Discours Anthropologique*, Semiotique, Meridiens Klincksieck, Paris.
BAKHTIN, M.M.
  1981a "From the pre-history of novelistic discourse", *in* Holsquit, M.(ed.) *The Dialogic Imagination*, Univ. of Texas Press, Austin.
  1981b "Discourse in the novel", ibidem.
BARROS, Ricardo & MENDONÇA, Rosane
  1992: "A evolução do bem-estar e da desigualdade no Brasil desde 1960", em *Texto para discussão*, n.286, IPEA, Rio de Janeiro.
BATAILLE, George
  1967: *La Notion de Dépense*, ed de Minuit, Paris.
CALDEIRA, Teresa P.
  1992: *City of Walls*, tese de doutorado, Berkeley.
CARDOSO DE OLIVEIRA, Luis Roberto
  1989: Communication and Fairness in Small Claims Courts, thesis prospectus, mimeo.
CLIFFORD, James (ed.)
  1986: "Introduction", in *Writing Cultures*, Univ. of California Press, Berkeley.
COELHO, E. Campos
  1987: "A Criminalidade Urbana Violenta", em *Série Estudos*, IUPERJ, Rio de Janeiro.
COSTA RIBEIRO, S.
  1991: "A pedagogia da repetência", em *Estudos Avançados*, 5/12, IEA/USP.
COSTA RIBEIRO, S. & PAIVA, Vanilda
  1993: "Autoritarismo Social e Educação", paper apresentado no Seminário Autoritarismo Social x Democratização do Estado, IEA/USP, 15-17 de fevereiro, São Paulo.
FALEIROS, Vicente de Paula
  1993: "Violência e barbárie", em Rizzini, I.(org.), *A Criança no Brasil hoje*, Editora Universidade Santa Ursula, Rio de Janeiro.
FONSECA, German
  1992: "Economie de la Drogue: taille, caracteristiques et impact economique", em *Revue Tiers Monde*, n. 131, juillet-sep., Paris.
GEERTZ, Clifford
  1988: *Works and lives, the anthropologist as author*, Stanford University Press, Stanford.
GIRARD, René
  1981: *Violence and the Sacred*, The John Hopkins University Press, Londres.
GLAZER, Nathan
  1986: "Education and Training Programs and Poverty", em Danziger & Weinberg (ed). *op.cit.*
GUIMARÃES, Heloisa & DE PAULA, Vera
  1992: "Cotidiano escolar e violência", em Zaluar, A. (org.) *Educação e Violência*, Cortez Ed., S. Paulo.
HABERMAS, Jurgen
  1988: *El Discurso Filosofico de la Modernidad*, Madrid.
  1990: *Pensamento pós-metafísico*, Tempo Brasileiro, Rio de Janeiro.
HANNERZ, Ulf
  1980: *Exploring the city*, Columbia University Press, Nova Iorque.

HENRIQUES, M.H. & VALLE SILVA, N.
1989: *Adolescentes de hoje, país de amanhã*, The Alan Guttmacher Institute, Nova Iorque.

IBGE
1990: *Síntese de Indicadores da Pesquisa Básica de 1981 a 1989*, IBGE, Rio de Janeiro.

KEARNEY, Richard
1985: "Le mythe chez Girard un nouveau bouc émissaire?", em Dumouchel, P.(ed.), *Violence et Verité*, Grasset, Paris.

MADEIRA, Felícia
1988: "Trabalho e juventude", em *Tempo e Presença*, n.240, ano 11, CEDI, Rio de Janeiro.

MARCUS, G. & FISCHER, M.M.
1986: *Anthropology as Cultural Critique*, Univ. of Chicago Press, Chicago.

MARTINE, George
1994: "A Redistribuição Espacial da População Brasileira Durante a Década de 80", texto para discussão n° 329, IPEA, Rio de Janeiro.

MERTON, Robert
1938: "Social Structure and Anomie", *American Sociological Review*, 3, pp. 672-682.

OFFE, Claus
1989: *Trabalho e Sociedade*, Tempo Brasileiro, Rio de Janeiro.

PAIVA, Vanilda
1992: "Violência e Pobreza: a educação dos pobres", em Zaluar, Alba (org.) *Violência e Educação*, Cortez Editora, São Paulo.

PAIXÃO, A.L.
1982: "Crimes e criminosos em Belo Horizonte: 1932-1978", em Pinheiro, P.S. (org.), *Crime, Poder e Violência*, Editora Brasiliense, São Paulo.

1988: "Crime, controle social e consolidação da cidadania", in REIS, F.W. e O'DONNELL, G. *A democracia no Brasil: dilemas e perspectivas*, São Paulo, Vértice.

PARK, Robert
1967: "A cidade", em Velho, O.G., *O Fenômeno Urbano*, Zahar, Rio de Janeiro.

PEPPE, Atilio M.
1992: *Associativismo e Política na Favela Santa Marta*, tese de mestrado, USP.

RABINOW, Paul
1986: "Representations are social facts: modernity and pos-modernity in social anthropology", *in* Clifford, J.(ed.) *Writing Cultures*, Univ. of California Press, Berkeley.

RIBEIRO DA SILVA, Rosa M. (coord.)
1987: *Crianças e Adolescentes, Indicadores Sociais*, vol.1, IBGE, Rio de Janeiro.

RIBEIRO, Rosa & SABOIA, Ana Lucia
1993: "Crianças e Adolescentes na Década de 80", em Rizzini, I.(ed.), *A Criança no Brasil Hoje*, Editora Universidade Santa Ursula, Rio de Janeiro.

RIZZINI, Irene (org.)
1993: *A criança no Brasil hoje*, Editora Universitária Santa Ursula, Rio de Janeiro.

ROCHA, Sonia
1992: "Pobreza metropolitana, balanço de uma década", em *Perspectivas da Economia Brasileira*, IPEA, Rio de Janeiro.

ROSALDO, Renato
1989: *Culture and Truth*, Beacon Press, Boston.

SALAMA, Pierre
1993: "Macro-economie de la Drogue", GREITD-CEDI, mimeo.

SPIRO, Melford
1986: "Cultural Relativism and the future of Anthropology", em *Cultural Anthropology*, 1(3).

VALLADARES, Licia do P.
1990: "Family and Child Work in Favela", em Datta, Satya (ed.), *Urban Studies Third World Urbanization*, HSFR, Uppsala.

VERNANT, Jean Pierre
1992: *Mito e religião na Grécia Antiga*, Papyrus, Campinas.

ZALUAR, Alba
1985: *A Máquina e a Revolta*, Editora Brasiliense, São Paulo.

1986: "O diabo em Belíndia", em *Religião e Sociedade*, n. 13, Rio de Janeiro.

1988: "Teleguiados e chefes", em *Religião e Sociedade*, n.14.1.

1989: "Nem líderes nem heróis", em *Revista Presença*, n.13.

1992: "A proibição das drogas e o reencantamento do mal", Reunião da ABA, abril; em *Revista do Rio de Janeiro-UERJ* Março de 1993.

1994a: *Condomínio do Diabo*, Editora da UFRJ e Revan, Rio de Janeiro.

1994b: *Cidadãos não vão ao Paraíso*, Editora da Unicamp e Escuta, São Paulo.

UMA RADIOGRAFIA DA VIOLÊNCIA NO RIO DE JANEIRO

AUTORES: LUIZ EDUARDO SOARES (COORDENADOR)
CARLOS ANTONIO COSTA RIBEIRO
JOÃO TRAJANO SENTO SÉ
JOSÉ AUGUSTO DE SOUZA RODRIGUES
LEANDRO PIQUET CARNEIRO

A pesquisa foi patrocinada pela FAPERJ, com o apoio do ISER, e se realizou no âmbito do Núcleo de Pesquisa do ISER, em colaboração com o Departamento de Ciências Sociais da UERJ[1].

---

1. A pesquisa contou com a participação de um grande número de colegas, em suas diversas fases. Foram pesquisadores de campo: Ahyas Siss, Alba Gisele Gouget, Dario de Souza e Silva Filho, Edgard da Cunha Amorim, Fernanda Cristina Fernandes, Maria Helena Viana Souza, Nilton Silva dos Santos, Paulo Henrique Barbosa Dias, Paulo Jorge da Silva Ribeiro, Pedro H. Villas Boas Castelo Branco. André Melo colaborou de distintas formas. Dra. Teresa Barbosa desenhou o plano amostral e nos ofereceu segura assessoria metodológica, em vários momentos do trabalho. Seus orientandos José Carlos Martins Leite, Márcio de Souza Pinto e Phillippe George Pereira Guimarães Leite colaboraram na geração do banco de dados e na produção de tabelas e gráficos. A todos eles nosso reconhecimento pela competência e dedicação. De fato, como os pesquisadores de campo, são co--autores da pesquisa. Nossos agradecimentos estendem-se a todos aqueles que tornaram possível nosso trabalho. Em primeiro lugar ao Exmo. ex-Governador do Estado do Rio de Janeiro, Dr. Nilo Batista, que desde o início do projeto, ainda quando Vice-Governador (e Secretário de Justiça e de Polícia Civil), apoiou a realização de pesquisas independentes sobre a área de segurança pública, franqueando inteiramente o acesso aos dados disponíveis, nos mais diferentes níveis, sem jamais, por qualquer meio, direta ou indiretamente, interferir em nossos cálculos e análises. Este é certamente um exemplo raro de transparência, rigor ético e atitude democrática por parte de uma autoridade de sua categoria. Nosso desejo é ver este tipo de relação entre Estado e sociedade civil generalizar-se.

I. INTRODUÇÃO: SOBRE O OBJETO DA PESQUISA

Por que vítimas e inquéritos?

Nesta quinta etapa do projeto "Monitoramento da Violência no Rio de Janeiro", propusemo-nos a desenhar o mapa da vitimização letal nesta cidade. Nossas principais perguntas incidiam sobre as características das vítimas de homicídios dolosos e de roubos seguidos de morte (ou latrocínios), cujos resultados práticos coincidem, apesar de as respectivas classificações legais serem distintas. Em outras palavras, queríamos saber quem está morrendo, no Rio de Janeiro, por meios violentos, intencionalmente acionados. E mais: seria decisivo, caso tivéssemos a pretensão de contribuir para a definição futura de políticas públicas e a ampliação do estoque de informações disponíveis para o debate público democrático, identificar as principais dinâmicas criminais envolvidas nestes casos fatais. Derivam-se daí as perguntas: onde ocorrem os crimes? em que circunstâncias? de que modo? quais os perfis sociológicos das vítimas? Estas as questões que constituíram nosso alvo prioritário.

Para enfrentá-las, as fontes primárias de informação poderiam e deveriam incluir os inquéritos policiais, não apenas os processos. Se nos detivéssemos exclusivamente nos processos, certamente contaríamos com

---

De nossa parte, procuramos responder investindo todos os nossos esforços no trabalho de modo que ele alcançasse a melhor qualidade possível, credenciando-se a apoiar a formulação de políticas públicas. Além do Exmo. Governador, é necessário manifestar nossos agradecimentos à Dra. Vera Malaguti Batista, graças a seu apoio permanente e sempre gentil cada dificuldade pôde ser enfrentada e vencida. Agradecemos também, por nos franquear o acesso aos processos que se encontravam nas Varas, ao Exmo. Sr. Juiz Antonio Cesar Siqueira, Corregedor Geral da Justiça, e ao Exmo. Sr. Desembargador José Domingos de Moledo Sartori. Por nos permitir o acesso aos inquéritos que se encontravam na Central de Inquéritos do Ministério Público, agradecemos aos Exmos. Srs. Promotores Luiz Otávio de Freitas e Guilherme Eugênio Vasconcelos, e ao Supervisor da Central de Inquéritos-Centro, Dr. Amauri Lima Júnior. Nosso reconhecimento estende-se aos Drs. Delegados e Escrivães das Delegacias visitadas, particularmente ao Dr. Paulo Roberto da Silva, pela orientação na leitura de informações que só a experiência torna inteligíveis. Somos gratos à cooperação do Dr. João Batista Porto, Chefe da Seção de Estatística da Secretaria de Estado de Polícia Civil, que realiza, longe do olhar do grande público, uma tarefa da maior importância. Finalmente, devemos mencionar que, desde os primeiros passos deste projeto, o Dr. Fernando Peregrino, Superintendente da FAPERJ, esteve presente apoiando e sinalizando para nós o ideal que poderia ser representado pela combinação entre rigor acadêmico e responsabilidade social.

dados de qualidade superior, sobretudo disporíamos de indicações sobre os suspeitos ou acusados. Todavia, nosso universo seria muito mais reduzido e, pior, sofreria os efeitos de um filtro poderoso, determinado pela complexidade das variáveis envolvidas. Se tomarmos o ano de 1992 como exemplo, apenas 8.1 % dos inquéritos de homicídios dolosos e 8.9 % daqueles referentes a roubos seguidos de morte converteram-se em processo — até junho de 1994, no prazo médio de dois anos, portanto (ver tabelas 10 e 11). As diferenças entre o subuniverso dos processos e o macrouniverso dos inquéritos são significativas, conforme teremos oportunidade de demonstrar. Portanto, trabalhar exclusivamente com processos, ou — ainda mais grave — com dados sobre população carcerária, mesmo sendo possível e necessário, é arriscado e provavelmente condenado a erro, caso as conclusões sejam projetadas por inferência sobre o conjunto do mundo do crime. Esta a razão de nossa primeira decisão metodológica: cobrir todo o universo, recorrendo também aos inquéritos — além dos processos, naturalmente. Um preço resolvemos pagar, desde o início: descartaríamos qualquer esperança de levantar informações suficientes sobre os suspeitos. Ao ampliar o espectro do objeto empírico (ousar dizer algo sobre o conjunto dos crimes letais) e optar por instrumentos mais extensivamente disponíveis (os inquéritos), assumimos o ônus de restringir nosso foco ao conjunto das vítimas e de reduzir nossas expectativas quanto à qualidade das informações sobre as circunstâncias de cada ocorrência.

II. OS PROCEDIMENTOS ADOTADOS E SUAS RAZÕES

Por que 1992? Por que considerar apenas a cidade? Iniciamos a pesquisa em dezembro de 1993. Seria irrealista tentar reunir os casos de 1993. O ano anterior oferecia as melhores chances de que viéssemos a contar com dados ainda atuais e razoavelmente completos. Por outro lado, certamente seria importante conhecer a situação de todo o estado, particularmente da baixada fluminense, até para que o contraste lançasse luz sobre cada específica realidade investigada. No entanto, prazo curto e orçamento apertado recomendaram cautela. Em pouco tempo atestamos o acerto desta decisão. As dificuldades práticas são consideráveis, mesmo quando nos restringimos ao âmbito da cidade. Dispondo, agora, de modelos já testados e experiência acumulada, os passos mais ousados talvez estejam maduros.

Houve, em 1992, na cidade do Rio de Janeiro, 3 548 vítimas de homicídios dolosos, correspondentes a 3 236 registros, e 157 registros (ver tabelas 1, 2 e 3 nas quais constam as respectivas distribuições pelas Delegacias em que foram feitos os registros)[2]. O estudo destes fenômenos requer a definição de uma amostra, de cuja análise o conjunto dos casos possa vir a ser indutivamente conhecido. O desenho desta amostra apresentou, na experiência de nossa pesquisa, um desafio especialmente relevante: compreender, entre as variações observáveis no universo em foco, a dispersão ecológica das ocorrências, de modo que o maior número possível de unidades de produção dos dados, isto é, a maior quantidade possível de Delegacias pudesse ser incluída.

Como algumas Delegacias apresentaram números relativamente muito pequenos das ocorrências que nos interessavam, incluí-las todas elevaria demasiadamente o número de inquéritos pertinentes à amostra, tornando-a improdutiva. Algumas, portanto, foram agrupadas, respeitando-se a correspondência entre as áreas da cidade sob suas respectivas jurisdições e os espaços definidos pelas RAs. Este primeiro trabalho resultou na construção de uma amostra de 486 inquéritos relativos a homicídios dolosos. Com o preenchimento dos questionários, reunimos 422 casos, envolvendo um total de 500 vítimas. Este número de casos, graças à sua distribuição proporcional pelas delegacias selecionadas, garante o poder indutivo de nossos dados, tornando-se dispensável considerar os 486 inquéritos apontados pelo cálculo amostral. Neste caso específico, a amostra é representativa e tecnicamente adequada, tanto para os inquéritos, quanto para as vítimas.

Os 157 registros de roubos seguidos de morte exigiram estratégia diversa. Sendo pequeno o número, preferimos incluir todos os casos que encontrássemos nas Delegacias selecionadas pela amostra referida a homi-

---

2. Três outras rubricas, com as quais opera a Polícia Civil, podem incluir casos que, a rigor, em havendo investigação adequada, aumentariam os números relativos a homicídios dolosos (ou mesmo a roubos seguidos de morte): "encontro de cadáver", "morte suspeita" e "encontro de ossada" (ver tabelas 4, 5, 6, 7, 8 e 9). Seria mais grave inflacionar artificialmente as rubricas com as quais trabalhamos, do que respeitar a classificação policial. É importante, todavia, ter presente que os números de vítimas e registros, evidências básicas da pesquisa, muito provavelmente não traduzem com fidelidade a "realidade dos fatos" (isto é, a quantidade exata das ocorrências visadas), mas indicam a dinâmica das práticas por eles referidas, suas respectivas acelerações ou desacelerações, etc... Afinal, não há razão suficientemente forte e consistente que desautorize a suposição de que a parcela relativa de perda (ou de subnotificação) seja constante, não influindo, assim, na descrição diacrônica propiciada pelos indicadores "homicídios dolosos" e "roubos seguidos de morte".

cídios dolosos. Reunimos, adotando este procedimento, 45 casos, envolvendo 49 vítimas[3].

Elaboramos um questionário a partir do exame do modelo de inquérito e de um breve pré-teste. Incluímos três unidades: sobre o inquérito (inclusive o tipo de acusação, homicídio doloso ou roubo seguido de morte); sobre as vítimas, os acusados (ou suspeitos) e as testemunhas; sobre o crime. Para que se entenda o percurso da pesquisa é preciso conhecer o itinerário dos dados.

Eis o caminho das informações ou as etapas de construção do dado primário — percorridos na contramão, desenham o calvário do pesquisador: (1) a ocorrência é denunciada ou simplesmente descoberta pela própria polícia; (2) no documento chamado Registro de Ocorrência (RO) da Delegacia, em cuja jurisdição o corpo foi encontrado, é lançada sua descrição sucinta; (3) a descrição é transferida — e ampliada (se possível) — para o Livro Tombo, no qual todos os registros de todos os delitos são anotados, na ordem em que são conhecidos; (4) o Delegado obrigatoriamente abre um inquérito relativo ao crime cuja conseqüência é a morte da vítima; (5) no prazo de um mês o inquérito deve ser encaminhado à Central de Inquéritos, instância do Ministério Público responsável pelo exame da consistência do documento elaborado pela Delegacia Policial e (5.1) por seu envio a alguma Vara de Justiça, onde, convertido em processo, receberá o tratamento jurídico adequado, cujo desfecho mais eficiente corresponde a (5.1.1) um julgamento, em que uma sentença é pronunciada, determinando (5.1.2) absolvição ou condenação dos acusados e, neste último caso, (5.1.3) seu encarceramento, sob responsabilidade do Juizado de Execuções Penais (5.2.). Quando o inquérito é considerado insuficientemente instruído, é devolvido à Delegacia para posteriores investigações, respeitado, mais uma vez, o prazo máximo de um mês, quando, independentemente do sucesso no aprimoramento da instrução do inquérito, ele tem de ser novamente remetido à Central de Inquéritos. As idas e vindas freqüentemente se estendem por muito tempo. O movimento prossegue até que o Ministério Público acolha o inquérito e o transforme em processo, oportunidade em que a responsabilidade transfere-se para o Poder Judiciário, ou (5.3) que seja decidido seu arquivamento.

A rotina dos pesquisadores de campo previa, conseqüentemente, as seguintes etapas: (1) dirigir-se a uma Delegacia incluída na amostra; (2) procurar, no Livro Tombo, os registros dos delitos que nos importavam;

---

3. É importante lembrar que a vítima fatal pode ser o próprio assaltante.

(3) selecionando determinada quantidade destes segundo a tabela de números aleatórios especialmente confeccionada para aquela Delegacia. Identificados os casos pertinentes, tratava-se de (4) descobrir onde se encontravam tais inquéritos (na própria Delegacia, na Central de Inquéritos ou em alguma Vara, já transformado em processo). Encontrado o documento, (5) o questionário passava a ser preenchido. Suas perguntas — esta a nossa intenção — interpelavam o inquérito com o mínimo de ambigüidade, visando absorver o máximo de informações.

Checados e codificados os questionários, o banco de dados pôde ser alimentado. O ciclo se fechou com o estudo dos dados agregados, combinados e cruzados, segundo variáveis analiticamente relevantes. O presente relatório representa o resultado mais geral da análise dos dados.

III. SÍNTESE DOS PRINCIPAIS RESULTADOS

As reações generalizadas na opinião pública à criminalidade violenta no Rio de Janeiro têm atuado como fator de agravamento da situação, em três níveis distintos: (1) sendo uma experiência humana plena, a violência é vivida como fenômeno simultaneamente objetivo e subjetivo, a tal ponto que sentir medo desnecessário não dói menos que temer por motivos objetivos ou racionais. Portanto, mesmo que as situações objetivamente não sejam violentas, passarão a sê-lo para os atores sociais que as experimentarem com medo, sentindo-se ameaçados ou sob risco. Uma vez que a voz geral fantasia um quadro terrível, descontrolado e irreversível, a tendência será a intensificação das experiências negativas; (2) quem supõe a iminência do ataque alheio previne-se com a agressão defensiva antecipada. A generalização do medo amplia a incerteza virtualmente presente nas interações sociais, reduzindo a estabilidade das expectativas e incrementando as chances de que violências sejam efetivamente perpetradas. A profecia negativa tende a cumprir-se por obra e graça de sua própria difusão; (3) visões gerais simplificadoras sobre a problemática da criminalidade violenta constituem a contrapartida natural do que temos chamado "cultura do medo", cuja característica principal seria a identificação de qualquer fenômeno violento, não importando a medida, como apenas mais uma manifestação da "decadência do Rio de Janeiro" ou da "degradação da sociabilidade carioca". Desse modo, confundem-se problemas comuns a todas as metrópoles, questões mais especificamente culturais — ou psicoculturais —, como brigas de adolescentes, com crimes perpetrados por profissionais da delinqüência. A confusão serve às ideologizações, mas jamais à elaboração de políticas públicas eficientes.

Como os únicos instrumentos de que dispomos são a palavra e a informação, temos procurado bloquear e dissolver a cultura do medo, discutindo-a, informando a opinião pública e, sobretudo, chamando a atenção para a necessidade de diferenciar tipos de práticas violentas e delituosas, de distinguir e compreender a especificidade de cada dinâmica geradora de violência. Assim, talvez as tensões se diluam parcialmente e os objetivos apontados para políticas públicas socialmente orientadas comecem a substituir, no imaginário social, o clamor por ordem autoritária.

Nesse sentido, são bastante úteis os resultados da pesquisa. Desde logo porque demonstram claramente que não há uma distribuição homogênea da vitimização e, portanto, do risco, na cidade, entre as classes sociais, os grupos de idade, os sexos, as etnias. As situações são profundamente diferenciadas. Convivem, entre nós, padrões europeus — no que diz respeito a homicídios dolosos e roubos seguidos de morte — e padrões americanos. Taxas elevadíssimas e outras, muito diferentes, bastante razoáveis. As cidades que convivem no Município do Rio de Janeiro são divididas basicamente pela renda, pelo acesso à riqueza expresso pela escolaridade; e a diferença entre as "cores" retrata a primeira divisão iníqua, em prejuízo dos não-brancos. O crime letal continua compondo um universo quase exclusivamente masculino. Os que pagam o preço mais dramático são os jovens. Ou seja, as vítimas principais da pior forma de criminalidade violenta, em nossa cidade, são jovens, pretos e pardos, pobres, com baixa escolaridade.

É importante ter esta diferenciação em mente quando pensarmos na violência do Rio de Janeiro. Existe risco elevado? Depende da renda, da cor, da idade e do sexo. Qualquer resposta genérica estará cometendo injustiça e obscurecendo os fenômenos que pretenderia esclarecer.

Quando analisamos a disposição das faixas etárias em nosso universo podemos prescindir de ponderações por RAs ou zonas da cidade, uma vez que se trata de uma relação constante. Basta, portanto, contrastar o perfil etário da vitimização com a distribuição dos grupos de idade na sociedade carioca. O resultado é impressionante: enquanto os jovens entre 18 e 29 anos representam 20.38% da população do Rio de Janeiro, correspondem a 57.7% do conjunto das vítimas de homicídios dolosos, na cidade, em 1992. Na faixa subseqüente, entre 30 e 34 anos, continua a haver uma inclinação expressiva, no mesmo sentido: equivalem a 8.34% da população e representam 15.3% das vítimas. A relação inverte-se quando consideramos as pessoas com mais de 35 anos: sendo 38.3% da população, não passam de 19.7% do conjunto das vítimas. Se desagregarmos as faixas consideradas, veremos que o desvio se concentra sobretudo entre

18 e 24 anos, grupo etário que representa 35.2 % do conjunto das vítimas e apenas 11.88% da população da cidade (ver tabela 12).

Quando focalizamos os roubos seguidos de morte, o quadro se altera (há tabelas em anexo). Os jovens entre 18 e 29 anos continuam super-representados (são 36.3 %, dos casos observados, contra 20.38 %, na população da cidade — ver tabela 13), mas a composição deste particular grupo de vítimas é especialmente concentrado: 57.1 % das vítimas descritas como "pretas" encontram-se nesta faixa jovem, assim como 55.6 % daquelas registradas sob a rubrica "pardos". Por contraste, entre as vítimas do latrocínio classificadas como "brancas", apenas 26.9 % tinham entre 18 e 29 anos, no momento em que foram assassinadas, enquanto 61.5 % tinham mais de 35 anos (ver tabela 14). Esta forte concentração, tão contrastante com as distribuições observadas entre pretos e pardos, força os números totais para cima: 47.7 % do conjunto das vítimas de roubos seguidos de morte ocupam (ou ocupavam) a faixa etária superior aos 35 anos. Lembremo-nos de que somente 38.3 % da população do Rio de Janeiro compõe este grupo de idade, segundo o Censo de 1991 (IBGE). Observe-se que, quando se trata de latrocínio, a variável étnica (ou cor) não parece independente. Em outras palavras, apesar do baixo número de casos impedir um cálculo exato, os dados sugerem que a cor, qualquer que seja, não está associada a maior ou menor incidência de (e talvez tendência à) vitimização, se pensamos na dinâmica específica do roubo seguido de morte. Entretanto, se combinarmos idade e cor, aí sim, diremos que pretos e pardos jovens (situando-se entre 18 e 29 anos) e, sobretudo, brancos com mais de 35 anos são mais sujeitos a se tornarem vítimas desta modalidade de crime.

Dividindo a cidade em três grandes conjuntos de RAs, para examinar a relação entre cor e vitimização por homicídio doloso, verificaremos que os desvios são fortemente significativos, indicando a significância da correlação entre as cores preta e parda e as probabilidades de se tornar vítima. Os brancos são 81.22 % da população do conjunto que chamaremos Zona Sul/Tijuca, mas representam apenas 33.3 % das vítimas. Enquanto isso, os pretos são 7.43 % da população e 32.4 % do conjunto das vítimas residentes nesta região. Os pardos são 11.35 % da população e 34.3 % do conjunto das vítimas, segundo nossa amostra. O mesmo se verifica na região Centro/Zona Norte: os brancos são 37.6 % das vítimas, os pretos 19.7 % e os pardos 42.7 %. Na população, representam respectivamente: 61 %, 10.1 % e 28.8 %. No conjunto de RAs que denominamos Zona Oeste/Subúrbios, entre as vítimas, 41.5 % são brancos, 18.9 % pretos e 39.6 % pardos, contra suas respectivas participações na população, respectivamente: 55.6 %, 13.1 % e 31.3 % (ver tabela 15 — a classificação das RAs encontra-se em anexo).

Dada a pobreza de informações contidas nos inquéritos, não foi possível construir o perfil socioeconômico da vítima diretamente. No entanto, a magnitude da significância da associação entre as variáveis cor e vitimização letal, no contexto sociológico brasileiro, autoriza a inferência já mencionada: a criminalidade atingiu, em 1992, na cidade do Rio de Janeiro, predominantemente os mais pobres e aqueles que apresentam índices inferiores de escolaridade. Quando nos referimos ao contexto sociológico brasileiro, pensamos nos estudos realizados por Carlos Hasembalg e Nelson do Valle e Silva, que têm demonstrado a natureza etnicamente discriminatória de nossas iníquas estruturas sociais. Em outras palavras, é perfeitamente razoável, do ponto de vista sociológico, deduzir da concentração étnica de nosso padrão de vitimização a natureza heterogênea e concentrada da distribuição dos riscos entre as classes sociais: os mais pobres e menos instruídos (ou os menos instruídos, que, no Brasil e no Rio, são os mais pobres) foram as principais vítimas da criminalidade mais violenta, em 92, no Rio de Janeiro — mesmo consideradas as ponderações pela distribuição de renda e escolaridade que caracteriza a sociedade carioca —, neste caso, um retrato do Brasil.

Entre as vítimas de homicídios dolosos, apenas 9.6 % são mulheres (tabela 16). A proporção é praticamente a mesma quando se trata de roubos seguidos de morte: 8.9 % das vítimas são mulheres (tabela 17). A variável gênero se associa positivamente a crimes de natureza interpessoal, os quais correspondem a 20.1 % do total (como os inquéritos são extremamente pobres e precários, apenas uma parcela apresenta informações suficientes para que se depreenda a natureza do crime — este percentual diz respeito à participação deste tipo de crime no conjunto de 164 casos sobre o qual há informações pertinentes — ver tabela 18). Quando os homicídios apresentam esta característica, 15.2 % das vítimas — e não mais 9.6% — são do sexo feminino (tabela 19). A associação é corroborada pelo fato de que, quando as vítimas são mulheres, a arma de fogo continua predominando como instrumento do crime, mas em menor proporção: armas brancas e outras são instrumentos da morte em apenas 8.0 % dos homicídios dolosos cujas vítimas são homens. Em 92 % dos casos, as armas de fogo são usadas. Quando as mulheres são as vítimas, em 14.3 % dos casos armas de fogo não são usadas (tabela 20).

As mulheres vítimas de homicídios dolosos são assassinadas sobretudo entre 18 e 29 anos (48.9 %), mas a distribuição etária mostra um padrão diferente daquele desenhado pela vitimização masculina. As mulheres continuam expostas a risco considerável por mais tempo. 29.8 % das mulheres assassinadas em 1992, no Rio de Janeiro, tinham mais de 35 anos, enquanto apenas 18.6 % dos homens mortos encontravam-se nesta faixa (tabela 21). Por outro lado, as mulheres morrem mais em casa do que os homens: 22.9 % contra 10.0% (tabela 22 e gráfico 1). Os dados confirmam tendência já identificada pela PNAD (Vitimização e Justiça, 1988), IBGE. As mulheres sofrem mais que os homens a violência doméstica. Geralmente, os agressores são exatamente os homens: maridos, companheiros, parentes, amigos e conhecidos (ver Soares et allii: "Violência contra a mulher: levantamento e análise de dados sobre o Rio de Janeiro em contraste com informações nacionais", Núcleo de Pesquisa do ISER, apoio FAPERJ, 1993).

Não há mulheres vítimas de homicídio classificado como "extermínio" na amostra, enquanto 15.2 % dos homens assassinados aparecem como vítimas deste tipo de crime. Por outro lado, apenas 19.3 % dos homens vitimizados morreram em "conflito interpessoal", enquanto, entre as mulheres vítimas de homicídio, estes casos representam 26.3 % do conjunto. Quando há envolvimento da vítima com droga, a diferença entre os gêneros é pequena: a constatação de envolvimento ocorre em 56.6 % dos casos em que as vítimas são homens e em 63.2 % dos casos em que as mulheres sofrem o crime (tabela 23). Por envolvimento com drogas entendemos relações diretas ou indiretas com as drogas: tráfico, consumo ou relações estreitas com traficantes e/ou consumidores freqüentes ou regulares. Assinale-se o fato de que em muitos inquéritos não há informações a respeito, o que não significa negação das relações em pauta. Estamos inclinados a crer que nossos números estejam subestimando o valor desta variável.

Os tipos de conflito que qualificam o homicídio, as armas do crime, o local em que ocorre e os principais grupos de idade atingidos constituem, quando analisados em conjunto, padrões diferenciados por gênero.

A variável "provável motivo do crime" sugere uma correlação entre os motivos "conflito interpessoal" e "extermínio", e a vitimização de grupos de idade mais elevada: entre os que foram assassinados supostamente por motivos ligados a conflitos interpessoais, em 1992, 35.5% tinham mais de 35 anos (tabela 19), enquanto 45 % encontravam-se na mesma faixa etária, quando, no mesmo ano, foram mortos, supostamente por práticas criminosas denominadas "extermínio" (tabela 24). Quando as drogas ocupam o centro das suspeitas, configura-se um universo no qual apenas 15.6 % das vítimas tinham mais de 35 anos (tabela 25 e gráfico 2).

Isto provavelmente sugere que, à medida que avança a dinâmica violenta das drogas (acionada pelas disputas por poder, armas e territórios entre grupos de traficantes), tende a expandir-se a proporção de jovens no conjunto das vítimas. O crescimento do mercado das drogas equivale a um processo em que o perfil da vítima fatal torna-se cada vez mais jovem.

Outra hipótese plausível poderia ser formulada: com o comércio das drogas (e das armas) em expansão, haveria uma tendência no sentido da indistinção crescente entre práticas de extermínio e conflito entre grupos de traficantes. Afinal, se os "exterminadores" são, por definição, cooptáveis — sendo profissionais do crime, a serviço de interesses locais ou de supostas "causas saneadoras"—, terminariam atraídos pela gravitação do novo pólo que concentra recursos, potenciais e estratégias "promissoras": o tráfico de drogas.

Uma informação preocupante nos sugere a magnitude da impunidade: somente 8.1% dos inquéritos sobre homicídios dolosos e 8.9% dos inquéritos sobre roubos seguidos de morte (tabelas 10 e 11), instaurados em 1992, foram, até junho de 1994, suficientemente instruídos pelas investigações da Polícia Civil e se converteram em processo, propiciando ao Poder Judiciário a chance de cumprir suas funções, pronunciando-se sobre responsabilidades e penalizando culpados. Além disso, é significativo que, entre os inquéritos de nossa amostra que já se transformaram em processos, 61.1 % refiram-se a causas interpessoais, exatamente as menos graves, do ponto de vista da dinâmica criminal. Lembremo-nos de que os crimes interpessoais são apenas 20.1% do total de casos. Em poucas palavras, os crimes efetivamente graves, isto é, associados a carreiras criminais e a dinâmicas tendentes a reproduzir-se, praticamente não são apurados (ver tabelas 18 e 26, e gráficos 3 e 4). Os dados são tão impressionantes que talvez traduzam mais que ineficiência. 92% de impunidade, quando se trata, não de delitos em geral (o que seria razoável, mesmo nos países centrais), mas dos crimes de morte, é uma taxa assombrosa, que sugere, pela magnitude, cumplicidade da Polícia Civil, responsável pelas investigações na fase de instrução dos inquéritos, ou sua falência definitiva.

Identificar os problemas e hierarquizá-los são passos indispensáveis a um enfrentamento mais objetivo da criminalidade. É tempo de substituirmos as impressões simplificadoras, que têm alimentado propostas autoritárias, pela discussão mais séria e madura dos diferentes problemas, respeitando-se suas especificidades e atentando para suas profundas raízes sociais. Nesse sentido, devemos reconhecer publicamente a disposição democrática com que o governo do estado do Rio de Janeiro (do período em que realizamos nosso trabalho) abriu todas as suas fontes de dados para pesquisadores independentes, visando à transparência e a um debate público de nível superior ao que temos assistido. Cumpriu-nos responder com o rigor no tratamento dos dados e a consistência da análise, colaborando para o esforço comum, que se orienta, seja para o aperfeiçoamento das informações sobre a problemática da criminalidade violenta, seja para a avaliação criteriosa e responsável de políticas públicas de segurança. Esperamos que transparência e cuidado honesto com os dados continuem sendo valores e práticas dominantes na área de segurança pública do governo do estado do Rio de Janeiro, de agora em diante, não importando as mudanças políticas que se sucederem ou os compromissos ideológicos dos futuros governantes. Esta é uma conquista da sociedade fluminense que o país precisa adotar. Em meio a tragédias, cifras mórbidas e números lúgubres, afinal há algum motivo de orgulho e de estímulo a mudanças das instituições de segurança pública na direção democrática: aquela em que se combinam eficiência, honestidade e respeito aos direitos civis.

Tabela 1 – Homicídios (registros)

	Meses												
	1	2	3	4	5	6	7	8	9	10	11	12	Total
1ª DP	0	2	0	1	3	1	3	0	0	1	0	1	12
2ª DP	5	2	5	2	4	6	5	3	5	1	3	2	43
3ª DP	1	2	2	3	0	2	1	1	4	4	0	2	22
4ª DP	6	2	3	3	2	1	2	1	0	0	3	0	23
5ª DP	2	2	0	4	3	2	1	3	2	1	1	1	22
6ª DP	7	6	10	3	2	3	4	1	3	2	3	2	46
7ª DP	3	3	5	0	0	1	4	1	3	3	7	1	31
9ª DP	4	3	2	6	3	3	0	1	3	3	2	2	32
10ª DP	4	4	0	0	1	2	1	1	2	2	2	1	20
12ª DP	1	3	4	1	0	3	3	2	0	0	2	1	20
13ª DP	1	1	0	0	0	0	3	2	0	1	0	1	9
14ª DP	0	1	1	0	1	1	0	0	1	1	1	0	7
15ª DP	0	1	3	0	1	1	3	2	3	2	6	1	23
16ª DP	6	6	14	7	5	4	6	5	6	8	9	3	79
17ª DP	13	13	16	10	11	7	6	9	10	9	6	4	114
18ª DP	4	4	2	2	2	1	1	1	0	1	1	5	24
19ª DP	4	6	7	10	2	7	6	7	8	10	7	9	83
20ª DP	5	7	10	4	5	4	4	2	9	6	7	10	73
21ª DP	3	18	15	17	21	7	5	12	16	11	17	14	156
22ª DP	12	8	14	11	13	9	8	7	7	4	12	7	112
23ª DP	5	6	9	6	10	7	7	5	7	9	5	8	84
24ª DP	6	16	6	3	14	7	8	8	10	7	11	8	104
25ª DP	1	4	1	4	4	7	3	1	5	4	5	4	43
26ª DP	3	2	2	2	2	0	1	3	8	4	3	6	36
27ª DP	17	13	8	15	8	7	7	6	9	7	9	10	116
28ª DP	10	7	9	4	5	5	7	9	1	5	6	11	79
29ª DP	13	12	10	6	12	15	6	4	3	12	10	12	115
30ª DP	10	11	10	7	8	2	10	7	6	0	12	4	87
31ª DP	16	14	21	10	8	7	10	14	10	8	10	16	144
32ª DP	6	7	17	12	14	11	8	12	4	11	15	12	129
33ª DP	16	10	17	6	14	5	9	8	7	6	11	19	128
34ª DP	17	31	38	11	20	16	23	16	17	22	12	19	242
35ª DP	20	19	39	22	31	18	23	19	14	19	23	17	264
36ª DP	19	32	17	22	24	22	14	17	18	25	25	19	254
37ª DP	6	5	5	2	8	10	4	6	8	10	5	9	78
38ª DP	9	2	7	10	10	3	5	6	8	5	5	4	74
39ª DP	21	10	13	14	15	11	17	21	12	7	6	10	157
40ª DP	12	19	16	11	13	10	11	12	10	14	7	15	150
DAI-RJ	0	0	0	0	0	0	0	0	0	0	1	0	1
Total	288	314	358	251	299	228	239	235	239	245	270	270	3236

Tabela 2 – Homicídios (vítimas)

| | \multicolumn{12}{c|}{Meses} | |
	1	2	3	4	5	6	7	8	9	10	11	12	Total
1ª DP	0	2	0	1	3	1	3	0	0	1	0	1	12
2ª DP	5	2	5	2	4	6	6	3	7	1	3	2	46
3ª DP	1	2	2	3	0	2	1	1	4	4	0	2	22
4ª DP	6	2	3	3	2	1	2	1	0	0	3	0	23
5ª DP	2	2	0	4	3	2	1	3	2	1	1	1	22
6ª DP	9	7	10	3	2	3	4	1	4	2	3	2	50
7ª DP	5	4	5	0	0	1	4	1	3	4	8	1	36
9ª DP	4	3	2	7	3	3	0	2	3	3	2	2	34
10ª DP	4	4	0	0	1	2	1	1	3	3	2	1	22
12ª DP	1	3	4	1	0	3	3	2	0	0	2	1	20
13ª DP	1	1	0	0	0	0	3	2	0	1	0	1	9
14ª DP	0	1	1	0	1	1	0	0	1	1	1	0	7
15ª DP	0	1	3	0	2	1	4	4	3	2	8	1	29
16ª DP	6	6	16	7	5	4	8	5	8	10	12	3	90
17ª DP	15	15	17	12	12	7	6	9	10	13	7	4	127
18ª DP	4	4	5	2	2	1	1	1	0	1	1	5	27
19ª DP	4	6	7	12	5	8	6	7	8	12	8	9	92
20ª DP	5	7	10	4	5	4	4	2	9	6	7	11	74
21ª DP	13	18	18	21	23	7	5	16	17	12	18	15	183
22ª DP	12	8	14	11	13	9	8	7	7	5	12	9	115
23ª DP	6	7	9	7	10	7	15	6	11	9	5	8	100
24ª DP	6	16	6	3	14	7	8	8	13	7	15	8	111
25ª DP	1	4	1	4	5	8	3	1	5	5	6	9	52
26ª DP	3	2	2	2	2	0	1	3	2	4	3	6	30
27ª DP	19	14	8	17	8	8	7	6	12	7	11	10	127
28ª DP	10	7	9	14	5	5	7	9	2	5	6	11	90
29ª DP	19	13	13	6	15	15	6	6	4	15	11	13	136
30ª DP	10	11	10	7	10	2	13	7	6	0	13	4	93
31ª DP	16	16	21	10	10	8	11	15	12	9	14	18	160
32ª DP	7	7	19	12	14	12	9	14	4	11	15	12	136
33ª DP	16	10	17	6	21	6	11	9	7	8	12	25	148
34ª DP	17	31	38	11	20	17	26	19	18	22	12	21	252
35ª DP	22	19	39	22	31	18	23	21	14	19	26	21	275
36ª DP	23	38	21	23	24	25	16	19	19	25	30	22	285
37ª DP	7	5	5	2	9	10	4	6	8	10	6	9	81
38ª DP	9	2	7	10	11	3	6	7	10	6	7	4	82
39ª DP	21	10	13	15	16	13	21	24	16	7	18	11	185
40ª DP	13	19	19	11	16	10	11	13	12	17	7	17	165
Total	322	329	379	275	327	240	268	261	264	268	315	300	3548

Tabela 3 – Latrocínios (registros)

	Meses												
	1	2	3	4	5	6	7	8	9	10	11	12	Total
1ª DP	0	0	0	2	0	0	0	0	0	1	0	0	3
2ª DP	0	0	0	0	1	0	0	0	0	0	0	0	1
3ª DP	0	0	0	0	0	0	0	0	0	0	0	0	0
4ª DP	0	0	0	0	0	1	0	0	0	0	0	0	1
5ª DP	0	0	0	0	0	0	1	1	0	0	0	0	2
6ª DP	0	0	0	0	0	0	1	0	1	0	0	0	2
7ª DP	0	0	0	0	0	1	0	0	0	0	0	0	1
8ª DP	0	0	0	0	0	0	0	0	0	0	0	0	0
9ª DP	0	0	0	0	0	0	1	0	0	0	0	0	1
10ª DP	0	0	0	0	0	0	0	0	0	0	0	0	0
11ª DP	0	0	0	0	0	0	0	0	0	0	0	0	0
12ª DP	0	2	0	0	2	0	0	0	0	0	0	0	4
13ª DP	0	0	2	0	0	0	0	0	0	0	0	1	3
14ª DP	0	0	0	0	0	0	0	0	1	1	0	0	2
15ª DP	1	0	0	0	0	1	0	0	0	0	0	0	2
16ª DP	0	0	0	0	0	0	0	2	1	0	1	0	4
17ª DP	1	1	0	0	0	0	0	0	0	2	0	0	4
18ª DP	0	0	0	1	0	0	1	0	0	0	0	1	3
19ª DP	0	0	0	1	0	0	1	2	0	1	0	0	5
20ª DP	0	0	0	2	1	0	1	0	0	0	0	2	6
21ª DP	0	0	0	0	0	1	1	0	0	0	1	0	3
22ª DP	0	0	3	0	0	0	1	0	2	1	1	1	9
23ª DP	0	0	0	0	1	1	0	0	0	0	1	0	3
24ª DP	0	0	0	2	0	1	0	1	0	0	0	0	4
25ª DP	2	0	0	1	2	1	1	0	0	0	1	1	9
26ª DP	1	2	0	0	0	0	1	0	0	0	0	1	5
27ª DP	0	0	0	0	0	0	1	2	0	0	0	0	3
28ª DP	0	2	0	2	3	1	0	0	0	0	0	0	8
29ª DP	0	1	0	1	0	1	1	2	0	0	2	0	8
30ª DP	1	1	0	0	0	3	2	0	0	0	2	0	9
31ª DP	0	1	3	1	0	0	2	1	0	1	2	2	13
32ª DP	0	4	0	0	0	0	0	0	0	0	0	0	4
33ª DP	0	0	0	0	0	0	0	0	1	0	0	0	1
34ª DP	0	0	0	0	1	1	0	0	1	0	0	0	3
35ª DP	1	0	0	2	1	2	1	2	0	0	0	0	9
36ª DP	2	0	0	1	0	0	1	0	0	1	0	0	5
37ª DP	0	0	0	0	0	1	1	0	0	0	0	1	3
38ª DP	0	0	0	2	0	0	0	1	0	2	0	1	6
39ª DP	0	0	0	0	0	1	0	0	0	0	0	0	1
40ª DP	0	1	0	2	1	1	1	0	0	0	1	0	7
DAI-RJ	0	0	0	0	0	0	0	0	0	0	0	0	0
Total	9	15	8	20	13	18	20	14	7	10	11	12	157

Tabela 4 – Encontro de cadáver (registros)

	Meses												
	1	2	3	4	5	6	7	8	9	10	11	12	Total
1ª DP	0	0	0	2	0	0	0	0	0	1	0	0	3
2ª DP	0	0	0	0	1	0	0	0	0	0	0	0	1
3ª DP	0	0	0	0	0	0	0	0	0	0	0	0	0
4ª DP	0	0	0	0	0	1	0	0	0	0	0	0	1
5ª DP	0	0	0	0	0	0	1	1	0	0	0	0	2
6ª DP	0	0	0	0	0	0	1	0	1	0	0	0	2
7ª DP	0	0	0	0	0	1	0	0	0	0	0	0	1
8ª DP	0	0	0	0	0	0	0	0	0	0	0	0	0
9ª DP	0	0	0	0	0	0	1	0	0	0	0	0	1
10ª DP	0	0	0	0	0	0	0	0	0	0	0	0	0
11ª DP	0	0	0	0	0	0	0	0	0	0	0	0	0
12ª DP	0	2	0	0	2	0	0	0	0	0	0	0	4
13ª DP	0	0	2	0	0	0	0	0	0	0	0	1	3
14ª DP	0	0	0	0	0	0	0	0	1	1	0	0	2
15ª DP	1	0	0	0	0	1	0	0	0	0	0	0	2
16ª DP	0	0	0	0	0	0	0	2	1	0	1	0	4
17ª DP	1	1	0	0	0	0	0	0	0	2	0	0	4
18ª DP	0	0	0	1	0	0	1	0	0	0	0	1	3
19ª DP	0	0	0	1	0	0	1	2	0	1	0	0	5
20ª DP	0	0	0	2	1	0	1	0	0	0	0	2	6
21ª DP	0	0	0	0	0	1	1	0	0	0	1	0	3
22ª DP	0	0	3	0	0	0	1	0	2	1	1	1	9
23ª DP	0	0	0	0	1	1	0	0	0	0	1	0	3
24ª DP	0	0	0	2	0	1	0	1	0	0	0	0	4
25ª DP	2	0	0	1	2	1	1	0	0	0	1	1	9
26ª DP	1	2	0	0	0	0	1	0	0	0	0	1	5
27ª DP	0	0	0	0	0	0	1	2	0	0	0	0	3
28ª DP	0	2	0	2	3	1	0	0	0	0	0	0	8
29ª DP	0	1	0	1	0	1	1	2	0	0	2	0	8
30ª DP	1	1	0	0	0	3	2	0	0	0	2	0	9
31ª DP	0	1	3	1	0	0	2	1	0	1	2	2	13
32ª DP	0	4	0	0	0	0	0	0	0	0	0	0	4
33ª DP	0	0	0	0	0	0	0	0	1	0	0	0	1
34ª DP	0	0	0	0	1	1	0	0	1	0	0	0	3
35ª DP	1	0	0	2	1	2	1	2	0	0	0	0	9
36ª DP	2	0	0	1	0	0	1	0	0	1	0	0	5
37ª DP	0	0	0	0	0	1	1	0	0	0	0	1	3
38ª DP	0	0	0	2	0	0	0	1	0	2	0	1	6
39ª DP	0	0	0	0	0	1	0	0	0	0	0	0	1
40ª DP	0	1	0	2	1	1	1	0	0	0	0	1	7
DAI-RJ	0	0	0	0	0	0	0	0	0	0	0	0	0
Total	9	15	8	20	13	18	20	14	7	10	11	12	157

Tabela 5 – Encontro de cadáver (vítimas)

	Meses												
	1	2	3	4	5	6	7	8	9	10	11	12	Total
1ª DP	0	0	0	0	0	0	0	0	0	1	0	1	2
2ª DP	2	0	2	0	4	0	0	0	1	0	0	0	9
3ª DP	0	0	0	0	1	0	0	1	0	0	1	1	4
4ª DP	0	0	0	0	0	0	0	0	1	1	0	0	2
5ª DP	0	0	0	0	0	0	2	0	0	0	1	0	3
6ª DP	0	0	0	0	0	5	2	0	1	0	0	0	8
7ª DP	0	0	0	0	0	0	0	0	1	1	0	0	2
9ª DP	0	1	0	1	0	0	0	1	1	1	0	0	5
10ª DP	3	2	1	3	4	4	0	2	4	0	3	3	29
12ª DP	0	0	1	0	1	0	0	0	0	0	0	1	3
13ª DP	0	0	0	0	0	0	0	0	0	0	0	0	0
14ª DP	0	2	2	2	1	0	1	0	0	0	0	0	8
15ª DP	1	1	0	1	1	1	0	0	0	0	0	1	6
16ª DP	0	0	0	2	1	0	1	0	0	1	3	1	9
17ª DP	0	0	0	0	0	2	0	1	0	0	1	1	5
18ª DP	0	0	0	0	0	0	0	0	0	0	0	1	1
19ª DP	0	0	0	0	1	0	2	0	0	1	0	1	5
20ª DP	0	0	0	0	0	0	0	0	0	0	1	1	2
21ª DP	1	0	0	2	0	0	0	2	2	0	0	0	7
22ª DP	2	3	2	4	0	3	3	0	0	0	1	3	21
23ª DP	0	0	0	0	0	0	0	0	0	1	0	2	3
24ª DP	2	2	2	1	0	0	0	0	0	4	0	0	11
25ª DP	0	0	0	0	0	0	0	0	0	0	0	0	0
26ª DP	0	0	0	0	0	0	0	0	0	0	0	0	0
27ª DP	0	0	0	0	0	1	0	0	0	0	0	0	1
28ª DP	0	0	2	2	0	1	0	0	0	0	0	1	6
29ª DP	0	1	1	0	2	1	3	1	2	0	0	1	12
30ª DP	1	0	0	0	0	0	0	0	0	3	0	0	4
31ª DP	0	0	0	0	0	0	1	0	0	2	0	0	3
32ª DP	0	1	0	0	1	0	1	1	1	1	0	0	6
33ª DP	0	0	0	0	0	0	0	0	1	0	0	0	1
34ª DP	3	3	0	0	0	1	2	0	2	0	0	2	13
35ª DP	0	1	1	2	1	1	1	2	2	4	3	1	19
36ª DP	0	0	0	0	0	0	0	0	0	0	1	0	1
37ª DP	2	3	1	0	3	0	2	7	2	4	5	2	31
38ª DP	0	0	0	0	1	0	1	1	0	1	0	1	5
39ª DP	1	4	2	0	2	1	1	2	0	0	2	1	16
40ª DP	0	0	0	0	0	2	1	2	1	0	2	0	8
Total	18	24	17	20	24	23	24	23	22	26	24	26	271

Tabela 6 – Encontro de ossada (registros)

	\multicolumn{12}{c	}{Meses}	
	1	2	3	4	5	6	7	8	9	10	11	12	Total
1ª DP	0	0	0	0	0	0	0	0	0	0	0	0	0
2ª DP	0	0	0	0	0	0	0	0	0	0	0	0	0
3ª DP	0	0	0	0	0	0	0	0	0	0	0	0	0
4ª DP	0	0	0	0	0	0	0	0	0	1	0	0	1
5ª DP	0	0	0	0	0	0	0	0	0	0	0	0	0
6ª DP	0	0	0	0	0	0	0	0	0	0	0	0	0
7ª DP	0	0	0	0	0	0	0	0	0	0	0	0	0
9ª DP	0	0	0	0	0	0	0	0	0	0	0	0	0
10ª DP	1	0	0	0	0	0	0	0	0	0	0	0	1
12ª DP	0	0	0	0	0	0	0	0	0	0	0	0	0
13ª DP	0	0	1	0	0	0	0	0	0	0	0	0	1
14ª DP	0	0	0	0	0	0	0	0	0	0	0	0	0
15ª DP	1	0	0	1	0	0	0	0	0	0	0	0	2
16ª DP	0	0	0	0	0	1	0	0	0	0	0	0	1
17ª DP	0	0	0	0	0	0	1	0	0	0	0	0	1
18ª DP	0	0	0	0	0	0	0	0	0	0	0	0	0
19ª DP	0	0	0	0	0	0	0	0	0	0	0	0	0
20ª DP	0	0	0	0	0	0	0	0	0	0	0	0	0
21ª DP	0	0	0	0	0	0	0	0	0	0	0	0	0
22ª DP	0	0	0	0	0	0	0	0	0	0	0	0	0
23ª DP	0	0	0	0	1	0	0	0	0	0	0	0	1
24ª DP	0	0	0	0	0	0	0	0	0	0	0	0	0
25ª DP	0	0	0	0	0	0	0	0	0	0	0	0	0
26ª DP	0	0	0	0	0	0	0	0	0	0	0	0	0
27ª DP	0	0	0	0	0	0	0	0	1	0	0	0	1
28ª DP	0	0	0	0	1	0	0	0	0	0	0	0	1
29ª DP	0	0	0	0	0	0	0	0	0	0	0	0	0
30ª DP	0	0	0	0	0	0	0	0	0	0	0	0	0
31ª DP	0	0	0	0	0	0	0	0	0	0	0	0	0
32ª DP	0	0	0	0	0	0	0	0	0	0	0	0	0
33ª DP	0	0	0	0	0	0	0	0	0	0	0	0	0
34ª DP	0	0	0	0	0	0	0	0	0	0	0	0	0
35ª DP	0	1	0	0	0	0	0	0	0	0	1	0	2
36ª DP	0	0	0	0	1	1	0	0	0	0	0	0	2
37ª DP	0	0	0	0	0	0	0	0	0	0	0	0	0
38ª DP	0	0	0	0	0	0	0	0	0	0	0	0	0
39ª DP	0	0	0	0	0	0	0	0	0	0	0	0	0
40ª DP	0	0	0	0	0	0	0	0	0	0	0	0	0
Total	2	1	1	1	3	2	1	0	1	1	1	0	14

Tabela 7 – Encontro de ossada (vítimas)

	\multicolumn{12}{c	}{Meses}	
	1	2	3	4	5	6	7	8	9	10	11	12	Total
1ª DP	0	0	0	0	0	0	0	0	0	0	0	0	0
2ª DP	0	0	0	0	0	0	0	0	0	0	0	0	0
3ª DP	0	0	0	0	0	0	0	0	0	0	0	0	0
4ª DP	0	0	0	0	0	0	0	0	0	1	0	0	1
5ª DP	0	0	0	0	0	0	0	0	0	0	0	0	0
6ª DP	0	0	0	0	0	0	0	0	0	0	0	0	0
7ª DP	0	0	0	0	0	0	0	0	0	0	0	0	0
9ª DP	0	0	0	0	0	0	0	0	0	0	0	0	0
10ª DP	1	0	0	0	0	0	0	0	0	0	0	0	1
12ª DP	0	0	0	0	0	0	0	0	0	0	0	0	0
13ª DP	0	0	1	0	0	0	0	0	0	0	0	0	1
14ª DP	0	0	0	0	0	0	0	0	0	0	0	0	0
15ª DP	1	0	0	1	0	0	0	0	0	0	0	0	2
16ª DP	0	0	0	0	0	1	0	0	0	0	0	0	1
17ª DP	0	0	0	0	0	0	1	0	0	0	0	0	1
18ª DP	0	0	0	0	0	0	0	0	0	0	0	0	0
19ª DP	0	0	0	0	0	0	0	0	0	0	0	0	0
20ª DP	0	0	0	0	0	0	0	0	0	0	0	0	0
21ª DP	0	0	0	0	0	0	0	0	0	0	0	0	0
22ª DP	0	0	0	0	0	0	0	0	0	0	0	0	0
23ª DP	0	0	0	0	1	0	0	0	0	0	0	0	1
24ª DP	0	0	0	0	0	0	0	0	0	0	0	0	0
25ª DP	0	0	0	0	0	0	0	0	0	0	0	0	0
26ª DP	0	0	0	0	0	0	0	0	0	0	0	0	0
27ª DP	0	0	0	0	0	0	0	0	1	0	0	0	1
28ª DP	0	0	0	0	1	0	0	0	0	0	0	0	1
29ª DP	0	0	0	0	0	0	0	0	0	0	0	0	0
30ª DP	0	0	0	0	0	0	0	0	0	0	0	0	0
31ª DP	0	0	0	2	0	0	0	0	0	0	0	0	2
32ª DP	0	0	0	0	0	0	0	0	0	0	0	0	0
33ª DP	0	0	0	0	0	0	0	0	0	0	0	0	0
34ª DP	0	0	0	0	0	0	0	0	0	0	0	0	0
35ª DP	0	1	0	0	0	0	0	0	0	0	1	0	2
36ª DP	0	0	0	0	1	1	0	0	0	0	0	0	2
37ª DP	0	0	0	0	0	0	0	0	0	0	0	0	0
38ª DP	0	0	0	0	0	0	0	0	0	0	0	0	0
39ª DP	0	0	0	0	0	0	0	0	0	0	0	0	0
40ª DP	0	0	0	0	0	0	0	0	0	0	0	0	0
Total	2	1	1	3	3	2	1	0	1	1	1	0	16

Tabela 8 – Morte suspeita (registros)

	Meses												
	1	2	3	4	5	6	7	8	9	10	11	12	Total
1ª DP	1	0	0	1	0	0	0	2	0	0	1	0	5
2ª DP	0	0	0	1	0	0	0	0	1	1	1	1	5
3ª DP	2	1	0	0	0	0	0	0	0	0	2	0	5
4ª DP	1	0	1	0	0	0	1	0	0	0	0	1	4
5ª DP	1	0	1	0	3	0	1	2	0	0	2	0	10
6ª DP	0	0	0	1	1	0	0	0	0	1	0	0	3
7ª DP	0	0	0	2	1	0	0	0	2	0	1	0	6
9ª DP	0	0	0	4	0	1	0	0	0	0	3	1	9
10ª DP	2	0	1	1	1	0	1	0	0	0	0	1	7
12ª DP	0	2	0	0	2	7	0	1	3	3	2	3	23
13ª DP	0	2	5	2	1	2	0	2	0	0	1	0	15
14ª DP	0	1	2	1	1	1	0	0	1	0	0	0	7
15ª DP	0	0	0	1	1	0	0	1	0	1	2	0	6
16ª DP	1	0	2	2	1	3	0	0	1	3	2	0	15
17ª DP	1	1	4	5	1	3	0	0	1	1	0	3	20
18ª DP	0	0	1	1	0	0	1	0	0	0	2	2	7
19ª DP	0	0	1	0	1	1	3	1	0	2	2	5	16
20ª DP	1	2	5	1	3	4	1	0	1	0	2	2	22
21ª DP	0	2	0	0	0	1	1	0	1	1	0	0	6
22ª DP	1	1	2	0	1	0	0	0	1	2	1	0	9
23ª DP	0	0	2	6	4	2	2	1	0	0	5	5	27
24ª DP	0	1	2	0	0	0	1	3	0	0	0	0	7
25ª DP	1	0	0	0	0	1	2	0	0	0	0	1	5
26ª DP	0	0	1	0	1	1	0	1	0	2	0	0	6
27ª DP	0	0	0	1	0	0	0	0	0	0	1	1	3
28ª DP	0	0	0	0	2	0	2	0	1	2	4	1	12
29ª DP	0	0	1	1	0	0	1	0	0	0	0	2	5
30ª DP	2	0	1	2	1	2	0	2	0	1	2	2	15
31ª DP	0	0	1	0	2	0	0	0	3	1	0	1	8
32ª DP	0	0	1	2	1	4	2	4	4	3	1	1	23
33ª DP	1	2	0	2	3	1	2	3	0	0	0	4	18
34ª DP	3	3	6	2	2	2	3	0	1	3	4	0	29
35ª DP	2	0	1	0	0	2	1	2	1	0	2	1	12
36ª DP	2	2	4	2	2	3	1	1	1	4	0	4	26
37ª DP	0	1	0	0	0	3	0	2	0	4	4	1	15
38ª DP	1	1	2	0	2	1	2	1	0	0	1	0	11
39ª DP	0	0	0	2	0	0	0	0	0	0	1	0	3
40ª DP	0	0	0	1	3	1	0	1	0	2	0	0	8
Total	23	22	47	44	41	46	28	30	23	37	49	43	433

Tabela 9 – Morte suspeita (vítimas)

	Meses												
	1	2	3	4	5	6	7	8	9	10	11	12	Total
1ª DP	1	0	0	1	0	0	0	2	0	0	1	0	5
2ª DP	0	0	0	1	0	0	0	0	1	1	1	1	5
3ª DP	2	1	0	0	0	0	0	0	0	0	2	0	5
4ª DP	1	0	1	0	3	0	1	0	0	0	0	1	7
5ª DP	1	0	1	0	1	0	1	2	0	0	2	0	8
6ª DP	0	0	0	1	1	0	0	0	0	1	0	0	3
7ª DP	0	0	0	2	0	0	0	0	2	0	1	0	5
9ª DP	0	0	0	4	0	1	0	0	0	0	3	1	9
10ª DP	2	0	1	1	1	0	1	0	0	0	0	1	7
12ª DP	0	2	0	0	2	7	0	1	3	3	2	4	24
13ª DP	0	2	5	2	1	2	0	2	0	0	1	0	15
14ª DP	0	1	2	1	1	1	0	0	1	0	0	0	7
15ª DP	0	0	0	1	1	0	0	1	0	1	2	0	6
16ª DP	1	0	2	2	1	3	0	0	1	3	3	0	16
17ª DP	1	1	4	5	1	3	0	0	1	1	0	3	20
18ª DP	0	0	1	1	0	0	1	0	0	0	2	2	7
19ª DP	0	0	1	0	1	1	3	1	0	2	2	5	16
20ª DP	1	2	5	1	3	4	1	0	1	0	2	2	22
21ª DP	0	2	0	0	0	1	1	0	1	1	0	0	6
22ª DP	1	1	2	0	1	0	0	0	1	2	1	0	9
23ª DP	0	0	2	6	4	2	2	1	0	0	5	5	27
24ª DP	0	1	2	0	0	0	1	3	0	0	0	0	7
25ª DP	1	0	0	0	0	1	2	0	0	0	0	1	5
26ª DP	0	0	1	0	1	1	0	1	0	2	0	0	6
27ª DP	0	0	0	1	0	0	0	0	0	0	1	1	3
28ª DP	0	0	0	0	2	0	2	0	1	2	4	1	12
29ª DP	0	0	1	1	0	0	1	0	0	0	0	2	5
30ª DP	2	0	1	2	1	2	0	2	0	1	2	2	15
31ª DP	0	0	1	0	2	0	0	0	3	1	0	1	8
32ª DP	0	0	1	2	1	4	2	4	4	3	1	1	23
33ª DP	1	2	0	6	3	1	2	3	0	0	0	4	22
34ª DP	3	3	6	2	2	2	3	0	1	3	4	0	29
35ª DP	2	0	1	0	0	2	1	2	1	0	2	1	12
36ª DP	2	2	4	2	2	3	1	1	1	4	0	4	26
37ª DP	0	1	0	0	0	3	0	2	0	4	4	1	15
38ª DP	1	1	2	0	2	1	2	1	0	0	1	0	11
39ª DP	0	0	0	2	0	0	0	0	0	0	1	0	3
40ª DP	0	0	0	1	3	1	0	1	0	2	0	0	8
Total	23	22	47	48	41	46	28	30	23	37	50	44	439

Tabela 10 – Situação do inquérito – Homicídio

Situação do inquérito	Freqüência	Porcentagem
Em andamento, arquivado, relatado	388	91,9%
Processo	34	8,1%
Total	422	100,0%

Tabela 11 – Situação do inquérito – Latrocínio

Situação do inquérito	Freqüência	Porcentagem
Em andamento, arquivado, relatado	41	91,1%
Processo	4	8,9%
Total	45	100,0%

Tabela 12 – Faixa etária das vítimas de homicídio

Grupos de idade	Freqüência	Porcentagem
0 a 4 anos	1	0,2%
10 a 14 anos	3	0,6%
15 a 17 anos	30	6,4%
18 a 24 anos	166	35,2%
25 a 29 anos	106	22,5%
30 a 34 anos	72	15,3%
35 anos ou mais	93	19,7%
Total	471	100,0%

Tabela 13 – Faixa etária das vítimas de latrocínio

Idade da vítima	Freqüência	Percentual
De 15 a 17 anos	1	2,3%
De 18 a 24 anos	10	22,7%
De 25 a 29 anos	6	13,6%
De 30 a 34 anos	6	13,6%
35 anos ou mais	21	47,7%
Total	44	100,0%

Tabela 14 – Vítimas de latrocínio segundo grupo de idade e cor

	Cor da Vítima					
	Branca		Preta		Parda	
Grupos de idade	Freqüência	Porcentagem	Freqüência	Porcentagem	Freqüência	Porcentagem
15 a 17 anos					1	11,1%
18 a 29 anos	7	26,9%	4	57,1%	5	55,6%
30 a 34 anos	3	11,5%	2	28,6%	1	11,1%
acima de 35 anos	16	61,5%	1	14,3%	2	22,2%
Total	26	100,0%	7	100,0%	9	100,0%

Tabela 15 – Homicídios dolosos segundo cor e zona de residência da vítima: comparação da amostra e distribuição de cor na população

	Zona de residência da Vítima					
	Centro/Zona Norte		Zona Sul/Tijuca		Zona Oeste/Subúrbios	
Cor da vítima	Pop.	Amost.	Pop.	Amost.	Pop.	Amost.
Branca	61,0%	37,6%	81,22%	33,3%	55,6%	41,5%
Preta	10,1%	19,7%	7,43%	32,4%	13,1%	18,9%
Parda	28,8%	42,7%	11,35%	34,3%	31,3%	39,6%
Total	100,0%	100,0%	100,0%	100,0%	100,0%	100,0%

ZONA SUL / TIJUCA	CENTRO / ZONA NORTE	ZONA OESTE / SUBÚRBIOS
IV - BOTAFOGO V - COPACABANA VI - LAGOA VIII - TIJUCA IX - V. ISABEL XXIV - BARRA XII - INHAÚMA	I - PORTUÁRIA XIII - MÉIER II - CENTRO XIV - IRAJÁ III - RIO COMPRIDO XV - MADUREIRA VII - S. CRISTÓVÃO XVI - JACAREPAGUÁ X - RAMOS XX - ILHA DO GOV. XI - PENHA XXI - PAQUETÁ XXIII - STA TERESA	XVII - BANGU XVIII - CPO GRANDE XIX - STA CRUZ XXII - ANCHIETA XXV - PAVUNA XXVI - GUARATIBA

FONTES: CIN - CENSO INSTITUCIONAL 1992
IBGE - PESQUISA NACIONAL POR AMOSTRAGEM DE DOMICÍLIOS / PNAD - 1988

Tabela 16 – Vítimas de homicídios segundo sexo

Sexo da vítima	Freqüência	Porcentagem
Homem	452	90,4%
Mulher	48	9,6%
Total	500	100,0%

Tabela 17 – Vítimas de latrocínio segundo sexo

Sexo da vítima	Freqüência	Porcentagem
Homem	41	91,1%
Mulher	4	8,9%
Total	45	100,0%

Tabela 18 – Provável motivo do crime

Provável motivo do crime	Freqüência	Porcentagem
Conflito interpessoal	33	20,1%
Envolvimento com drogas	94	57,3%
Extermínio	22	13,4%
Outros	15	9,1%
Total	164	100,0%
Casos Válidos: 164 Casos Sem Informação: 336 = 67,20%		

Tabela 19 – Provável motivo do crime

Conflito interpessoal	Freqüência	Porcentagem
Cor da Vítima		
Branca	15	46,9%
Preta	5	15,6%
Parda	12	37,5%
Total	32	100,0%
Grupos de Idade		
10 a 14 anos	1	3,2%
15 a 17 anos	2	6,5%
18 a 29 anos	11	35,5%
30 a 34 anos	6	19,4%
35 ou mais	11	35,5%
Total	31	100,0%
Sexo da Vítima		
Homem	28	84,8%
Mulher	5	15,2%
Total	33	100,0%

Tabela 20 – Vítimas de homicídio segundo tipo de arma do crime e sexo

	Sexo da vítima			
	Homem		Mulher	
Tipo de arma	Freqüência	Porcentagem	Freqüência	Porcentagem
Arma de Fogo	371	92,1%	36	85,7%
Arma Branca	16	4,0%	1	2,4%
Outros	16	4,0%	5	11,9%
Total	403	100,0%	42	100,0%

Tabela 21 – Vítimas de homicídios segundo grupos de idade e sexo

Grupos de idade	Sexo da vítima			
	Homem		Mulher	
	Freqüência	Porcentagem	Freqüência	Porcentagem
0 a 4 anos	1	0,2%		
10 a 14 anos	2	0,5%	1	2,1%
15 a 17 anos	27	6,4%	3	6,4%
18 a 29 anos	249	58,7%	23	48,9%
30 a 34 anos	66	15,6%	6	12,8%
35 ou mais	79	18,6%	14	29,8%
Total	424	100,0%	47	100,0%

Tabela 22 – Vítimas de homicídio segundo local do crime e sexo

Local do crime	Sexo da vítima			
	Homem		Mulher	
	Freqüência	Porcentagem	Freqüência	Porcentagem
Logradouro público	239	72,2%	20	57,1%
Residência	33	10,0%	8	22,9%
Local de trabalho	7	2,1%		
Botequim	6	1,8%	2	5,7%
Ignorado	12	3,6%	1	2,9%
Outros	33	10,0%	4	11,4%
Ao lado da DP	1	0,3%		
Total	331	100,0%	35	100,0%

Tabela 23 – Vítimas de homicídio segundo provável motivo do crime e sexo

Provável motivo do crime	Sexo da vítima			
	Homem		Mulher	
	Freqüência	Porcentagem	Freqüência	Porcentagem
Conflito interpessoal	28	19,3%	5	26,3%
Envolvimento com drogas	82	56,6%	12	63,2%
Extermínio	22	15,2%		
Outros	13	9,0%	2	10,5%
Total	145	100,0%	19	100,0%

Tabela 24 – Provável motivo do crime

Extermínio	Freqüência	Porcentagem
Cor da vítima		
Branca	10	55,6%
Preta	2	11,1%
Parda	6	33,3%
Total	18	100,0%
Grupos de idade		
10 a 14 anos		
15 a 17 anos	1	5,0%
18 a 29 anos	10	50,0%
30 a 34 anos		
35 ou mais	9	45,0%
Total	20	100,0%
Sexo da vítima		
Homem	22	100,0%
Mulher		
Total	22	100,0%

Tabela 25 – Provável motivo do crime

Envolvimento com drogas	Freqüência	Porcentagem
Cor da vítima		
Branca	24	28,2%
Preta	20	23,5%
Parda	41	48,2%
Total	85	100,0%
Grupos de idade		
10 a 14 anos		
15 a 17 anos	4	4,4%
18 a 29 anos	52	57,8%
30 a 34 anos	20	22,2%
35 ou mais	14	15,6%
Total	90	100,0%
Sexo da vítima		
Homem	82	87,2%
Mulher	12	12,8%
Total	94	100,0%

Tabela 26 – Situação do inquérito segundo sexo da vítima, provável motivo do crime, grupos de idade e cor da vítima

Sexo da vítima	Situação do inquérito			
	Em andamento, arquivado, relatado		Processo	
	Freqüência	Porcentagem	Freqüência	Porcentagem
Homem	359	92,5%	29	85,3%
Mulher	29	7,5%	5	14,7%
Total	388	100,0%	34	100,0%
Provável motivo do crime				
Conflito interpessoal	18	15,4%	11	61,1%
Envolvimento com drogas	68	58,1%	5	27,8%
Extermínio	16	13,7%	2	11,1%
Outros	15	12,8%		
Total	117	100,0%	18	100,0%
Grupos de idade				
0 a 4 anos	1	0,3%		
10 a 14 anos	1	0,3%	1	3,1%
15 a 17 anos	27	7,3%	3	9,4%
18 e 19 anos	37	10,0%	1	3,1%
20 a 24 anos	92	24,9%	3	9,4%
25 a 29 anos	82	22,2%	9	28,1%
30 a 34 anos	57	15,4%	5	15,6%
35 anos ou mais	72	19,5%	10	31,3%
Total	369	100,0%	32	100,0%
Cor da vítima				
Branca	142	39,3%	9	29,0%
Preta	92	25,5%	4	12,9%
Parda	127	35,2%	18	58,1%
Total	361	100,0%	31	100,0%

Pensando sobre a violência

VIOLÊNCIA E FILOSOFIA

Wilmar do Valle Barbosa
Depto. de Filosofia
UFRJ

"*Qual o uso que tua razão faz do teu poder? Porque nela se encontra o todo. Quanto ao demais, dependa ou não de teu livre-arbítrio, não é senão morte e evanescência.*"

(Marco Aurélio)

"*A desventura acompanha a grandeza humana.*"

(Sófocles)

A violência tornou-se um fato massivo nas sociedades contemporâneas a ponto de constituir um verdadeiro desafio para a consciência moral do nosso tempo. A sua generalização apresenta-se como um paradoxo no momento em que nossa compreensão dos fenômenos naturais e sociais, em que o avanço do saber científico e do "esclarecimento", em que a consciência do valor e do respeito à vida pareciam afirmar-se de modo indiscutível. É justamente neste nosso século que a violência vem se apresentando nas formas mais insidiosas, mais cínicas, constituindo-se a partir de um grau de refinamento que provavelmente supera em muito os períodos mais cruéis da história da humanidade. Genocídios e torturas "cientificamente" organizados, perseguições de todos os matizes, depurações raciais, êxodo forçado de populações inteiras e grupos sociais indefesos imposto pelos poderosos de plantão, terrorismo em formas inumanas, segregação e/ou exclusão econômica e racial, comportamentos individuais que traduzem nada mais, nada menos que o simples e cruel desejo de destruir o outro, fazem parte de nosso cotidiano.

Como se isto não bastasse, o desenvolvimento tecnocientífico deu origem a novas formas de coação moral e física que possibilitam a manipulação e a violação das consciências, e que, a meu ver, constituem uma verdadeira indústria da alienação e do cerceamento à liberdade. Estas formas são muito provavelmente as mais danosas, pois, sob o signo da suavidade e manipulando habilmente as motivações, tendem a encerrar o indivíduo numa rede invisível fazendo com que ele se torne mais prisioneiro na medida em que se sinta mais livre. Estas possibilidades tecnocientificamente organizadas são insensíveis, pois surpreendem a consciência quando ela se encontra indefesa, apoderando-se da vontade dos indivíduos. Esta talvez seja a forma mais ameaçadora de violência e o maior dos desafios para o futuro que há de vir, uma vez que contra a brutalidade explícita pode-se supor uma reação que se imponha por si mesma, ao passo que as técnicas de adestramento e de condicionamento tendem a conquistar a conivência quando não a cumplicidade daqueles que são enredados em suas malhas.

Caso voltemos nossas atenções para a sociedade brasileira em particular, veremos que nela a violência é um fenômeno onipresente. Dentre nós a violência manifesta-se praticamente em todas as suas formas, desde a mais banal como a agressão física, armada ou não, branda ou brutal, até as mais insidiosas como a segregação econômica e racial, passando por aquelas formas televisivas que não apenas manipulam as consciências, mas que também culminam por reproduzir e por banalizar a violência instituída como expressão da nossa sociedade, fazendo com que ela deixe de ser um escândalo moral e político para um número considerável de nossos concidadãos.

Que a violência não é um fato novo na história dos homens, todos nós sabemos. Ela permeia a história da Antiguidade e da Idade Média. Exemplos típicos podem ser encontrados na Grécia dos grandes filósofos. Em 564 a.C., Arrachion de Phigalia, que já tinha obtido duas vitórias em precedentes jogos olímpicos, morreu por estrangulamento durante a sua terceira tentativa. No entanto, os juízes depositaram a coroa de louros sobre seu cadáver, pois antes de morrer ele quebrou os dedões do pé de seu adversário que foi obrigado a abandonar a competição em decorrência da dor. Os jogos olímpicos antigos duraram mais de mil anos e tiveram grande importância no âmbito da civilização helênica a ponto de serem considerados por Nietzsche como um regulador social da própria violência[1]. Ésquilo, Sócrates e Demóstenes, dentre outros, escreveram discursos que foram lidos durante

---

1. Cf. a propósito o ensaio de Nietzsche "La joute chez Homere" in *Ecrits postumes 1870-1873*, Paris, Ed. Gallimard, 1975, pp. 192-200.

os eventos olímpicos e o próprio Platão participou vitoriosamente destes jogos, nos quais a platéia provava um grande prazer diante de uma *techné agonistiké* que comportava ferimentos, derramamento de sangue e morte. A existência de outros jogos semelhantes em diferentes cidades da Grécia antiga, ainda que menos importantes do que os de Olímpia, revelam a importância que eles tinham no âmbito da vida social grega. Este fato indica claramente que uma civilização capaz de produzir uma refinada cultura com manifestações religiosas, artísticas e filosóficas altamente elaboradas pode muito bem requerer, para sua própria continuidade, níveis surpreendentes de violência. Para se compreender o que se passava na Grécia antiga, é necessário abandonar uma concepção de violência, baseada num esquema compreensivo que opõe "civilização" a "barbárie", e analisar a forma de organização social existente naquela época. Devido aos nossos próprios limites e aos de tempo, este não pode ser o nosso objetivo de agora. No entanto, a simples constatação desta necessidade nos indica desde já que a violência não é um "fato" ou um "conceito primeiro" e que, por conseguinte, torna-se difícil defini-la de modo unívoco. Como tratar o termo "violência" de modo a dar conta de uma sucessão de fatos díspares tais como "jogos olímpicos", "tortura", "genocídio", "terrorismo", "infanticídio", etc., a partir de um olhar capaz de unificá-los relativamente a uma dimensão de seu conteúdo aparentemente unívoca e comum a todos eles?

Um bom modo de tratamento consiste em procurar os usos correntes e a etimologia de um dado termo. O *Novo Dicionário Aurélio* define "violência" como: "1. Qualidade de violento. 2. Ato violento. 3. Ato de violentar. 4. *jur.* Constrangimento físico ou moral; uso da força; coação". Por sua vez "violento" significa: "1. Que age com ímpeto; impetuoso. 2. Que se exerce com força. 3. Agitado, tumultuoso. 4. Irascível, irritadiço. 5. Intenso, veemente. 6. Em que se faz uso da força bruta. 7. Contrário ao direito e à justiça". Tais sentidos diversos indicam duas orientações principais. De um lado o termo "violência" designa fatos ou ações, de outro designa modos de ser da força, do sentimento, do temperamento. No primeiro caso, "violência" opõe-se a "paz", à "ordem" que ela contraria; no segundo, "violência" é força, intensidade, impetuosidade, desmesura.

A etimologia, por sua vez, nos ensina que "violência" vem do latim *violentia*, que significa "caráter violento" ou "bravio", "força", sendo que o verbo *violare* significa "tratar com violência", "profanar", "transgredir". É importante notar que estes termos latinos reportam-se à palavra *vis* que significa "força", "vigor", "potência", "violência", bem como "quantidade", "abundância", "essência" ou "caráter essencial" de uma coisa. Neste sentido o termo *vis* significa força em ação, propriedade de um corpo, potência ou força vital. Este núcleo de significação confirma-se quando passamos do latim para o grego. O termo grego que corresponde ao *vis* latino é *is* (is) que significa "músculo", "vigor", bem como "veemência" e se vincula a *bia* (bia), termo derivado de *bios* (bios, vida) e que quer dizer "força", "vigor", "energia vital" mas também "violência" ou "emprego da força". Todos esses sentidos indicam que o âmago da noção de violência é perpassado pela idéia de uma força, de uma potência ou capacidade *natural*, isto é, que pertence à própria vida, ao ser vivo, e que a ser exercida contra algo ou contra alguém pode ou não transformar um caráter veemente, vigoroso ou apenas irritadiço em violento. Neste núcleo de significação predomina uma ausência de valor, ou seja, aqui a força é, em princípio, não-qualificada, apresentando-se como capacidade ou virtude de uma coisa ou de um ser sem considerações de valor. Ela apenas é o que é e torna-se violenta quando ultrapassa os limites ou perturba a ordem.

Tanto o exame dos usos correntes quanto o da etimologia nos indicam que apesar das variações de significados do termo em pauta, a idéia de força constitui o seu núcleo central fazendo com que ele designe um conjunto de comportamentos e de ações predominantemente *físicas*. No entanto, esta força assume o caráter de violência em função de normas socialmente definidas e que variam imensamente, o que faz com que certos atos possam ser considerados "violentos", sem por isto serem condenados ou moralmente reprováveis. Assim sendo, muito embora práticas diferentes como os jogos olímpicos, o genocídio, o infanticídio, a tortura, por exemplo, sejam expressão de um certo uso da força física, a sua qualificação e condenação como "violência" estará diretamente vinculada a uma sensibilidade ditada pelas normas relativas ao uso deste tipo de força.

Tudo isto pode parecer inteiramente óbvio. No entanto, desde o momento em que a questão da violência invade o território da meditação filosófica, evoca a presença de uma dimensão do ser que originariamente é concebida como algo que se situa fora dos limites do pensável, isto é, do ordenável e, portanto, do regular. Se para um filósofo grego, tal como Platão, o cosmo e a cidade possuem uma lógica porque se estruturam de modo harmônico, a desarmonia e o *kaos* apresentam-se como uma constante ameaça para a razão humana e isto porque revelam o ser na sua face mais perturbadora: a irracional. Assim sendo, a violência situa-se, no parecer deste filósofo, para além dos limites do que é pensável. Por ser impensável, isto é, dado ao fato de ela não poder ser *esquadrinhada* pelo pensamento humano, só os deuses podem *trabalhá-la*, digamos assim; só eles podem olhar no âmago desta dimensão desagregadora do ser, este fundo caótico e indeterminado que ameaça sempre dissolver todas as formas no nada. Para Platão e sua escola, a matéria não é apenas o limite *inferior* das formas e, por conseguinte, de todo ser vivo. Nesta condição de limite inferior ela é uma espécie de "fronteira", ou seja, ela está em contato direto com o indeterminado, esta "massa visível, desprovida de todo o repouso e quietude, submetida a um processo de mudança sem medida e sem ordem" e que só um demiurgo é capaz de agenciar[2]. A pura matéria, portanto, tende a escapar do pensamento, isto é, do esquadrinhamento das idéias, pois ela de certo modo convive com este magma informe, esta ausência de ordem e desordem, esta indeterminação que para os platônicos tem todas as cores da violência. O que em princípio não tem forma, o que não é algo, não pode ser definido a partir de alguma determinação, mas somente a partir da ausência de determinações. Mas isto é ilógico, diria Platão, pois só se define algo a partir de uma determinação. Por isto é que para o autor do *Timeu*, a pura matéria tem um aspecto paradoxal, irracional, violento mesmo, e que faz dela algo que a razão humana não pode compreender de modo exaustivo. Plotino, mais tarde, a chamará de mal, outro nome do impensável.

Porém, esta face violenta do ser, esta ausência de repouso e quietude, possui algo de comum com outra figura importante na filosofia platônica e que lhe é diametralmente oposta: a idéia de bem. O fato é que o Bem platônico assim como o Uno plotiniano encontram-se para além da essência, isto é, para além das determinações, e tal como a pura matéria são impensáveis, só podem ser contemplados, mas não esquadrinhados pela razão, isto é, não podem ser pensados. Assim sendo, tanto o mal como pura matéria, violência, quanto o bem são impensáveis para os humanos. O desejo de pensar o bem é fruto da desmesura, a mesma que origina o desejo de pensar o mal. Ao pensamento humano é dado trabalhar apenas sobre aquela região mediana do ser, região das formas e das determinações que podem ser captadas na sua estrutura lógica, isto é, ordenada e estável. Assim sendo, é possível perceber que para a filosofia platônica, de milenar influência na cultura ocidental, o próprio pensamento torna-se violento quando procura pensar, isto é, racionalizar aquilo que segundo Platão não é racionalizável. A violência seria assim o limite inferior do impenetrável, ao qual o pensamento deveria virar as costas, enquanto o bem seria o limite superior ao qual, no entanto, o pensamento aspira contemplar como a um ideal.

---

2. Platão, *Timeu*, 30a.

No entanto, o que é o pensamento senão uma ousada e necessária incursão no reino do impensável? O que é o impensável senão algo definido pelo próprio pensamento? Estas interrogações constituem verdadeiros truísmos para nós tardo-modernos, ou como querem alguns, pós-modernos. No entanto, sua aceitação pela filosofia moderna representa uma verdadeira reversão das expectativas milenares do platonismo. E coube a Hegel a tarefa de legitimar, filosoficamente falando, uma razão capaz de tornar pensável o que fôra originariamente definido como irracional, exterior e ilógico; capaz de investir contra os limites impensáveis do pensamento, transformando-os ao racionalizá-los. "A atividade de desunir", escreve Hegel, "é a força e o trabalho do *entendimento*", esta potência "a mais espantosa que existe", mas que, no entanto, não opera tão somente no nível dos pensamentos que são conhecidos ou, como diria Descartes, claros e distintos[3]. Contrariamente, ela deve transitar pelos interstícios das coisas ou de tudo aquilo que a análise separou, interstícios que na verdade rompem os vínculos que as coisas mantêm com o todo, isolando-as, e que se constituem, por isto mesmo, como um nada ou como o nada da morte. "A morte", continua Hegel, "caso queiramos chamar assim esta irrealidade, é a coisa mais temível, e dominar firmemente o que é morto requer a maior das forças"[4]. Aquele platônico limite inferior, fundo caótico onde tudo se nadifica, torna-se deste modo objeto de uma potência ou de uma força, o entendimento, que é mais poderosa do que ele mesmo. Na verdade, a força do entendimento converte o negativo em positivo e a vida do pensamento ou do espírito, por conseguinte, é a vida que incorpora em si mesma aquela coisa mais temível, pois que ela não se retrai em face do "horror diante da morte, preservando-se de toda destruição", mas "se mantém na morte mesma"[5]. De fato, Hegel acredita que a vida do espírito só consegue realizar plenamente a sua própria verdade, na medida em que "reencontre a si mesma em pleno dilaceramento". O espírito é a potência que é não pelo fato de assemelhar-se ao positivo que se afasta do negativo, mas devido ao fato de ser capaz de "olhar a face do negativo, sabendo permanecer na sua proximidade. Esta permanência é o poder mágico que converte o negativo em ser"[6]. O "poder mágico" do pensamento lhe permite encontrar

---

3. G. W. F. Hegel, *La fenomenologia dello spirito*, Florença, Ed. Nuova Italia, 1972, vol. I, p. 25.
4. *Idem, Ibidem*, p. 26.
5. *Idem, ibidem*.
6. *Idem, ibidem*.

regularidades ali onde à primeira vista só existem movimentos caóticos, permite encontrar sentido naquilo que aparentemente não possui sentido algum. Assim fazendo, a razão humana, na acepção hegeliana, pode muito bem racionalizar o impensável, pode pensar a violência por meio da força do próprio pensamento, força esta que se torna "violenta" ao ultrapassar os limites do que é tido como "discurso normal"[7]. Como diz o filósofo alemão, é melhor inventar conceitos inconcebíveis do que renunciar ao pensamento. Diante do escândalo que é a violência da oposição entre a vida e a morte, entre o senhor e o escravo e tantos outros termos antitéticos, o pensamento deve buscar uma *mediação* entre eles. Isto significa que diante da violência do conflito entre forças que se dilaceram, o pensamento só tem uma saída: exercitar seu "poder mágico", e numa violência ainda maior pensá-las como uma mesma e única realidade. Será isto uma contradição? Mas a contradição não será ela mesma o ritmo do mundo? E lá onde há contradição não há também unidade? Em outras palavras: a violência que finalmente vira objeto do pensamento, a violência da vida, das coisas e a violência do pensamento não estão afinal de contas unidas? O que as mantêm unidas não é a mesma força que as mantêm opostas? Se assim for, a verdade estará com Hegel: a violência do pensamento que é conceber o inconcebível nada mais é do que uma emergência lógica, no nível da razão, da dimensão transgressora própria da vida, da bia, que é ela mesma razão, uma vez que pode ser concebida como princípio de unidade do ser. O ser humano, para ser o que é, precisa ultrapassar-se. Esta ultrapassagem é uma violência, esta violência, uma dilaceração. No entanto, dilacerar-se é o que lhe permite descortinar um sentido para sua existência, é o que lhe possibilita reencontrar a si mesmo, reencontrar sua própria unidade.

Nossa época, como já indicamos, é profundamente sensível ao fenômeno da violência do homem contra o homem. A fórmula hobbesiana parece realizar-se em pleno nesta época em que cresce o poder dos homens sobre a natureza e sobre si mesmos. Capaz de olhar nos olhos do absoluto, e de conceber o inconcebível, o homem torna-se, na avaliação de Spinoza, um deus para si mesmo e, assim como os deuses, parece catalisar a violência. O próprio Hegel foi sensível a este fenômeno quando percebeu o deslocamento do problema da razão, da natureza para a história, reino dos homens e regulado pelo tempo. Na sua opinião, todo mundo admite uma racionalidade no mundo violento da natureza, no

---

7. Para uma discussão sobre o "discurso normal", "Introdução", cf. R. Rorty, *Philosophy and the mirror of nature*, Princeton, Ed. Princeton University Press, 1979.

qual a ciência culmina por descobrir a calmaria das leis, coisa que parece não existir na história, em que assistimos ao eterno espetáculo do arbítrio, da violência e da insensatez. Isto quer dizer que, para Hegel, o pensamento deve mais uma vez aventurar-se nas desmesuras da história, nos territórios da violência sociopolítica e ali descortinar a presença — sempre oculta — da medida e da harmonia, isto é, do sentido. No entanto, encontrar a lógica própria do movimento histórico ou, como diz Hegel, encontrar a "rosa da razão" nas desmesuras do presente implica compreender que se há "progresso" na história, ele se dá também por meio das guerras, das revoluções e congêneres. Mais uma vez a força do espírito deve romper as fortalezas do senso comum e do pensamento "normal", e olhar a face obscura da história procurando racionalizá-la, isto é, tornar compreensível e justificável a violência que lhe é própria.

A esta altura pode-se perguntar se a dialética hegeliana possui um gosto particular pela violência e se, afinal de contas, não culmina por legitimar cinicamente o que ela mesma busca compreender. Não creio que este seja o caso da filosofia de Hegel, fruto de uma meditação que procurou dar conta do sentimento que nos faz perceber que a violência, pelo fato de ser algo predominante ao longo da história, isto é, ao longo do desenvolvimento concreto da humanidade, possui uma lógica, ou seja, é inteligível. Porém, ao aceitar este enfoque a filosofia hegeliana admite uma radical ruptura com os padrões tradicionais da compreensão filosófica. Se de fato a razão é própria do ser humano, é aquilo que faz dele o que ele é, deve então haver um vínculo essencial, ainda que obscuro, entre a razão e a violência humanas. Trata-se, por conseguinte, para Hegel, de descobrir e de explicar estes vínculos essenciais.

Sabemos o quanto a violência dos homens resiste a esta tentativa de assimilação metafísica, assimilação pelo pensamento. Nem a história, reino da humana e mortal violência, chegou ao fim, como supunha Hegel, nem tampouco a violência se auto-suprimiu em decorrência de soluções políticas que pretendiam superá-la definitivamente. Outras soluções, pós-hegelianas, como as de Freud, por exemplo, culminam por vincular a violência a uma pulsão de morte tão antiga e inexplicável como a própria vida. De certo modo a solução freudiana, que vê na violência a resultante do combate entre as forças mitológicas de Eros e de Tanatos, reconduz a questão a um solo platônico na medida em que a violência, em sendo pulsional, encontra-se fora das malhas da razão. Se é verdade, então, que a filosofia hegeliana, paradigma de toda tentativa tardo-moderna de racionalizar a questão da violência, foi incapaz de resolvê-la, isto significa que a violência deva ser considerada "impensável"? A filosofia moderna não teria produzido um outro modo de enfrentar a questão? Um modo capaz de pensá-la sem justificá-la, isto é, um modo não violento de pensar a violência?

Eu creio que sim. No entanto, é necessário que se diga desde já que uma tal atitude não pode examinar a violência senão do "exterior", sem se "comprometer" com ela, isto é, sem supor que a violência deve e pode ser mediatizada pela própria violência, seja a do pensamento que rompe com os limites e regularidades habituais de entendimento, seja a dos atos historicamente justificados. Neste sentido, uma tal atitude parte do princípio de que toda violência é injustificada, o que implica dizer que um modo não-violento de pensar a violência parte do princípio de que a violência não mediatiza a sua própria supressão. Isto, por sua vez, implica se colocar imediatamente contra toda forma de violência. Assim sendo, um pensamento não-violento deverá ser necessariamente um pensamento da não-violência, ou seja, pensamento capaz de conceber um mundo *não*-histórico, onde a violência esteja *a priori* excluída. Se de fato Hegel tem razão quando afirma que os períodos de paz na história da humanidade têm sido muito poucos, e creio que todos concordamos com ele neste aspecto, um pensamento da não-violência só pode ser pensamento *utópico*, com tudo o que este termo implica. Isto significa que a perspectiva de um mundo não-violento passa antes de tudo pela razão moral, cujos fundamentos, a crer em Kant, não se enraízam nas circunstâncias da história, mas nas exigências exclusivas da própria razão. "Não deve haver nenhuma guerra, escreve Kant; nem aquela entre eu e tu no estado de natureza, nem aquela entre nós, enquanto estados(...). Assim sendo, a questão não é mais saber se a paz perpétua é algo real, e se nós nos enganamos em nosso julgamento teórico (...) mas nós devemos agir como se aquilo que talvez não venha a ser, deva ser"[8]. É, por conseguinte, um dever ser *hipotético*, um ideal, que deve regular o curso da ação humana, pois só os ideais encontram-se em pleno acordo com a razão. Isto não que dizer que o autor da *Crítica da razão prática* se desinteresse pela história, mas que o princípio do progresso da humanidade deve ser procurado não nos conteúdos imanentes da história, mas naqueles transcendentes da razão humana que procedem da natureza absolutamente livre dos homens, os quais, por isto mesmo, são simultaneamente objetos e autores das suas próprias leis. Esta condição, no parecer de Kant, afasta todo condicionamento, toda pressão externa e arbitrária, isto é, toda violência. "A idéia de uma constituição em harmonia com o direito natural

---

8. E. Kant, *Doctrine du droit*, apud A. Philonenko, *L'oeuvre de Kant*, Paris, Ed. Vrin, 1969, tomo II, p. 268.

dos homens, isto é, na qual aqueles que obedecem à lei devem também, reunidos num corpo, legislar", afirma Kant, "encontra-se na base de todas as formas políticas; e o organismo geral que, concebido em conformidade com elas, segundo os puros conceitos da Razão, se chama *ideal platônico* (*Respublica noumenon*) não é uma quimera, mas a norma eterna de toda constituição política em geral, e descarta toda guerra"[9]. Porém, Kant, não sei se por prudência, coerência ou por ambas, não deduziu nenhum programa político deste ideal de racionalidade também absoluta. Aliás, ele mesmo nos faz saber que "é *doce* imaginar constituições que respondem às exigências da razão...mas é *temerário* propô-las e *culpável* instigar o povo para abolir a constituição em vigor"[10]. O pensamento da não-violência é, portanto, intrinsecamente não-violento, mas, tal como a utopia platônica e outras elaboradas ao longo da história do Ocidente, culmina por realizar-se apenas no cenário bem ordenado da imaginação filosófica.

A análise das posições destes dois filósofos alemães, em quem nós reconhecemos duas das maiores fontes de inspiração da filosofia contemporânea, nos faz ver que a meditação filosófica encontra-se diante de um profundo dilema no tocante à questão central da violência. Desde o momento em que ela optou por seguir as vias abertas por Hegel, aceitou e configurou a dimensão *realista* da razão pensando o fato da violência, considerando-a uma dimensão constitutiva do ser, justificável, racionalizável e que não pode nem deve ser abandonada pela razão na região obscura do impensável, aquela que na opinião dos antigos só os deuses penetram. Pensando o que fora primordialmente definido como inacessível ao pensamento humano, concebendo o inconcebível, isto é, concebendo um aparato lógico-categorial que permitisse ao entendimento "trabalhar" a violência, a "razão realista" culmina por racionalizá-la e por justificá-la tornando-se ela mesma um pensamento violento. Por outro lado, ao seguir Kant, a meditação filosófica opta pelo idealismo da razão e culmina por virar as costas para o *fato* da violência, recusando-se a pensá-lo enquanto tal, já que o concebe como fenômeno irracional e, por conseguinte, injustificável. A "razão idealista" torna-se, portanto, pensamento da não-violência, preocupado com a *pax universalis*, com a harmonia. Se por um lado a força e a ousadia da "razão realista" culminaram por conduzir ao cinismo, por outro a ingenuidade e a gratuidade

---

9. E. Kant, "Le conflit des facultés" in *La philosophie de l'histoire*, Paris, Ed. Gonthier, 1947, p. 176.

10. *Idem, ibidem*, nota nº 5, p. 191.

da "razão idealista" conduziram à impotência, quando não ao conformismo involuntário. Francamente antitéticos, estes modos da razão, no entanto, possuem algo em comum: ambos, enquanto formas do pensamento filosófico, foram incapazes de dar conta do fenômeno da violência, demonstrando, assim, que ele é refratário tanto ao bom senso quanto às análises mais elaboradas.

Este é o dilema da meditação filosófica contemporânea e dele decorrem os impasses próprios de uma ética que pretenda gerar princípios de ação apropriados para uma civilização irreversivelmente tecnocientífica. O maior legado da filosofia moderna, no que ela tem de esclarecida, foi seu esforço no sentido de abrir horizontes intelectuais capazes de conduzir a humanidade a um estado de felicidade e bem-viver universais, estado de paz. Nós sabemos que a história moderna e contemporânea não seguiu por esta trilha. No entanto, a filosofia moderna não gerou apenas algumas das mais refinadas análises filosóficas que conhecemos, das quais o kantismo e o hegelianismo talvez sejam os melhores exemplos. Ela também legitimou uma cultura científica que deu origem a sofisticadíssimos meios de intervenção e de reforma da natureza, os quais reforçam, neste final do século XX e de modo inédito, a condição ontológica do homem: ser que, para ser o que é, deve necessariamente intervir nas suas circunstâncias, alterando-as, reinventando-as. Paradoxalmente, temos hoje ao nosso dispor os meios técnicos e científicos mais sofisticados e, no entanto, vivemos num estado de total perplexidade. Se por um lado, a cultura moderna, sobretudo a partir de Hegel, tentou demonstrar com todas as letras que a violência é uma condição provisória, isto é, não é um fim em si mesma mas uma inadequação momentânea dos homens entre si ou com a natureza, por outro, com Rousseau e Kant, tentou demonstrar que este mesmo homem é um ser aberto ao futuro, ser que se rege pelo possível e não apenas pelo necessário. Nossa perplexidade decorre do fato de que esta "inadequação momentânea" parece ser na realidade "permanente" e que a "abertura para o futuro", por mais idealista que possa ser a nossa razão, poderá quando muito eliminar os conflitos entre os homens, mas não entre eles e o que chamamos de natureza, a não ser que nós a reformemos por inteiro. Mas a reforma integral da natureza, ou seja, a criação de uma tecnonatureza, não significa uma reforma da própria natureza humana? Dito de outra maneira: se é verdade que a existência humana articula-se em torno do possível e não do necessário, se é verdade, portanto, que o homem é um ser de incomensurável plasticidade, não terão razão aqueles que hoje sugerem a reconstrução/reprogramação do vivente — inclusive o humano — como único modo de reforma da natureza e do homem capaz de superar aquela inadequação e, portanto, superar a violência mesma que ela é? Será este tipo de reforma a violência das violências? Ela deve ser recusada por princípio? Qual princípio? Haverá certas classes de violência que são "necessárias" e, portanto, eticamente aceitáveis, enquanto outras não o são? Toda violência deve ser condenada? Como tomar decisões coletivamente aceitas a propósito da violência, quando o próprio do homem, a razão, e a violência se imbricam?

Toda esta gama de problemas, todos estes impasses relativos à questão da violência só reforçam esta condição dilemática da meditação filosófica contemporânea. Caso aceitemos uma "razão realista", culminaremos por supor que se deve fazer tudo o que pode ser feito, como aliás supõem muitos cientistas e pensadores, nossos contemporâneos[11]. As possibilidades abertas pela tecnociência neste momento em que se fala de "reforma do humano", permite-nos vislumbrar perspectivas de intervenção radical na organização psicofísica e genética dos homens, as quais deverão transformar esta reforma numa verdadeira reprogramação/reconstrução do vivente, seja ele humano ou não[12]. A esta "razão realista" contrapõe-se, a seu modo, uma "razão idealista" que parece orientar um conjunto de opções e de opiniões atualmente muito em voga. Acredito que uma parcela significativa do pensamento ecológico pode ser reconduzida a esta racionalidade. Isto que dizer que, se por um lado os adeptos da "razão realista" postulam que o problema da vida humana deve ser enfocado a partir do princípio da qualidade de vida e, por conseguinte, a partir da realização daqueles possíveis tecnocientíficos que tendem a aprimorar a qualidade das nossas vidas, por outro, os que aderem à "razão idealista" pensam a vida humana e o vivente em geral como regidos pelo princípio da sacralidade e, portanto, como invioláveis[13].

No meu modo de entender, tanto o princípio da qualidade de vida quanto o da sacralidade decorrem das opções abertas por Kant e Hegel. Discutir a questão da vida humana a partir destes princípios implica, desde o início, superar os limites das alternativas éticas propriamente modernas. Por que isto?

---

11. Cf., por exemplo, a posição defendida por J. Bronowski no seu livro *Um sentido de futuro*, Brasília, Ed. UNB, p. 6.
12. Sobre estas possibilidades, cf. J. Cohen e R. Lapouture, *Todos mutantes*, e T. Wilkie, *Projeto genoma humano. Um conhecimento perigoso*, ambos publicados pela Ed. Zahar, Rio de Janeiro, 1988 e 1994, respectivamente; cf. também, J. Robin, *Changer d'ère*, Paris, Ed. Seuil, 1989.

Em primeiro lugar devido ao fato de estas alternativas terem sido elaboradas a partir de uma percepção da responsabilidade humana, como algo que se limita exclusivamente às ações entre os homens. Dentro desta perspectiva, nossa responsabilidade circunscreve-se às ações realizadas no âmbito intra-específico: ela se dá com os homens, entre os homens e no espaço físico (e também simbólico) delimitado por este grande artifício humano, esta grande invenção que são as cidades. Todo bem e todo mal concentram-se na esfera do enclave humano, uma vez que a ordem cósmica bem como a própria natureza humana eram tidos como imutáveis. Permanentes eram, portanto, o cosmos e a natureza humana; transitórios e mutáveis eram as obras dos homens. Toda reflexão ético-política tradicional, e aqui se inclui a moderna, dá-se dentro deste quadro de referência eminentemente antropocêntrico, no qual toda a relação com o mundo extra-humano é tida como eticamente neutra[14]. Assim sendo, estes padrões éticos não estendem a nossa responsabilidade ao vivente não-humano e à natureza enquanto ordem cósmica, da mesma forma como não nos faz responsáveis pelo futuro, já que "o universo moral [dos modernos] consiste em contemporâneos e o seu horizonte futuro é limitado à duração provável da vida deles"[15]. Ora, as possibilidades tecnocientíficas que se apresentam para nós, homens do século XX, tornam viável o que em outras épocas não era sequer pensável, já que sujeitam o conjunto do vivente e do não--vivente ao agir humano, submetendo definitivamente a natureza à humana capacidade de reconstrução. A emergência destas possibilidades de reconstrução/reprogramação modifica, no meu modo de entender, as fronteiras do agir humano e, por conseguinte, das éticas tradicionais, tornando insuficiente toda ética que se limite ao aqui e agora das ações e que não incorpore o extra-humano no âmbito de nossa responsabilidade. Se é verdade que tudo podemos, então somos responsáveis por tudo. Mas podemos de fato ser responsáveis por tudo? Isto não seria o mesmo que nos conceber como seres cognoscentes perfeitos, condição tradicionalmente atribuída à divindade? Podemos, afinal de contas, ser este tipo de sujeito ou não passamos de seres imersos no tempo e na hesitação?

---

13. Sobre os princípios da qualidade e da sacralidade da vida, cf. M. Mori, "Per un chiarimento delle diverse prospettive etiche sottese alla bioetica" in E. Agazzi (org.), *Quale etica per la bioetica?*, Milão, Ed. FrancoAngeli, 1990, pp. 37-66.

14. Sobre esta característica da ética moderna, cf. H. Jonas, *Il principio responsabilitá. Un'etica per la civiltá tecnologica*, Turim, Ed. Einaudi, 1993, pp. 5-13.

15. *Idem, ibidem*, p. 8.

Nossa capacidade atual, inédita, de intervenção reprogramadora sobre o vivente, e, portanto, sobre nós mesmos, estende o manto da nossa responsabilidade sobre todo o humano e o extra-humano, inclusive sobre o próprio tempo, já que o futuro passa a depender diretamente das nossas opções atuais, uma vez que tudo o que inventamos agora poderá certamente modificar ou até mesmo eliminar toda a humanidade futura. Paradoxalmente, devemos responder desde já pelos futuros possíveis que nos é dado construir a partir de agora e, no entanto, sabemos que todo e qualquer futuro só pode ser *dado* no presente na forma de ideal ou de utopia. Sabemos também que utopias do presente jamais serão o fundamento das normas que orientarão as ações dos homens do futuro. É esta necessidade de agir como um ser cognoscente perfeito e a impossibilidade de fazê-lo que nos recolocam mais uma vez diante da condição eminentemente trágica da nossa humana existência. Como um personagem de Sófocles, precisamos atualizar o futuro; mas, homens que somos, só podemos nos ocupar do presente, agir no presente. O futuro deve ser deixado aos deuses, que dele dispõem. Mas o que fazer quando os deuses estão mortos? O que fazer quando sabemos que a dinâmica do social e do humano não possui nenhum fundamento metassocial, meta-histórico? De novo aquela hesitação trágica que nos faz oscilar — muitas vezes mortalmente — entre o que *podemos* fazer e o que *devemos* ou *não* fazer. E onde há tragédia, há com certeza violência; onde há tragédia sem deuses, fatalmente haverá violência humana. Poderá então um pensamento da não-violência aceitar esta violência constitutiva, ontológica mesmo? Que classe de violência é moralmente aceitável? Será que o único modo de sairmos de um estado de violência é por meio de atos violentos?

Tenho consciência de estar finalizando minha reflexão apresentando mais problemas do que sou capaz de resolver. Apesar disto, tenho certeza de que estes problemas devem fazer parte de uma meditação atenta às exigências próprias de nossa conturbada época, sem o que ficaremos mais à deriva do que já nos encontramos. Resolvê-los de modo definitivo? Tenho dúvidas, pois como nos ensina o estóico Marco Aurélio "todo ser deve obrar conforme sua condição" e nós seres humanos, trágicos por excelência, só poderemos agir conforme o duplo registro da nossa condição: seres de grande clareza e de grande obscuridade.

Crendo e esperando na não-violência

OS SUAVES HERDARÃO A TERRA
Paz e não-violência num mundo de conflitos

FREI LUIS CARLOS SUSIN

Teologicamente, ser *humano* é ter, desde a origem, uma vocação e uma missão para a paz. Na primeira página da Escritura não está o pecado ou a violência, mas a bênção e a destinação ao crescimento harmônico nas diferenças. A última página, no Apocalipse, desenha a maquete de uma cidade pacífica onde cada diferença concorre para o brilho de uma paz intensa, plena de vitalidade.

A amplidão e a polissemia da palavra *paz*, a multivocidade e o caleidoscópio flutuante que orienta nossa compreensão para diferentes direções e experiências, não são apenas questões de linguagem sem conseqüências: o que é *paz*?

A paz seria, num sentido ainda muito geral, uma forma de ser da alma humana, um arquétipo da alma, do corpo e do cosmos, tecido de *eirene*: serena quietude, equilíbrio prazeroso, liberdade contente e feliz dentro dos limites do corpo e do mundo. A paz é, em sua raiz acádica — *shalámu* —, a integridade, a perfeição e a plenitude. Conota bem-estar, vivacidade, bondade e beleza.

Independente ainda dos acidentes de não-paz, de violência ou pecado, a paz é uma realidade *escatológica*, só antecipada em *processos históricos* que envolvem necessariamente todos os âmbitos da cultura: a economia, a política, as relações sociais e ecológicas. A cultura, também num sentido muito geral, poderia ser considerada um trabalho e uma luta pela paz.

Portanto, atualmente só é realista o pensamento da paz que, sem renunciar sua essência utópica e arquetípica, não a evapora num sonho futurível ou numa infância edênica: a paz infantil é um jardim irremediavelmente perdido e o sonho puramente utópico se perde no despertar da realidade. A paz é, atualmente, um processo histórico, e só existe onde há energia e decisão, engajamento e trabalho pela paz.

A primeira página da Escritura é pacífica, uma paz original sem condicionamentos, sem dialética com a violência. Destina a uma história, a um processo que, também, não está condicionado à luta num mundo violento. A segunda página, onde se narra o início de uma violência que iria se alastrar pela história, nos obriga a mudar de discurso. Mas não se pode perder de vista o *primado da paz*, sua anterioridade e independência não-dialética em confronto com a violência, esta sim sempre dialética. A força originária da paz torna nossos esforços sensatos e esperançosos, sem deslizarmos na tentação do cinismo quanto à possibilidade de alcançarmos uma paz completa ou de nos obrigarmos a pactos com meios violentos que misturam, sistematizam e perpetuam a violência.

Uma pergunta que retorna na obra de René Girard ao tratar de violências e sacrifícios é esta: Como surgiu a ordem desde a desordem? Em outras palavras, como surgiu o cosmos desde o caos? Em termos que também se aproximam da astrofísica, como surgiram as diferenças do indiferenciado? A resposta em Girard é sempre a mesma: passando pelo sacrifício, pela vítima sagrada e fundadora[1]. Mesmo criticando Girard, Lipovetsky situa o sacrifício no sistema de vingança que equilibra a paz em condições históricas e sociais[2]. Paz como equilíbrio fundada no sangue da vítima, de qualquer forma. Será mesmo este o processo de pacificação? Bernardo Trevisan, um grande alquimista de Pádua, do século XV, depois de uma vida inteira dedicada à busca da pedra filosofal que transformaria metais menos nobres em ouro, depois de múltiplas experiências químicas de todo tipo, deixou como única herança aos seus discípulos o grande segredo do final de sua vida: "Se alguém quiser criar ouro a partir dos metais, deve começar, de qualquer forma, pelo ouro". Assim também não é propriamente da violência ou da desordem que se consegue a paz. O sacrifício que fundaria a paz na violência faria a paz retornar fatalmente à violência. Se alguém quiser criar a paz em situações de violência, deve começar de qualquer forma pela paz.

---

1. Cf. GIRARD, R., *La violence et le sacré*, Paris, Grasset, 1972, pp. 63ss.
2. Cf. LIPOVETSKY, G., *A era do vazio*, Lisboa, RA, 1983, p. 165.

O pacifismo, porém, é tão ou mais enganoso no caminho para a paz. Nada mais violento do que compactuar com a violência por meio da beata ignorância do pacifismo. Acaba abençoando e fazendo proliferar, com pseudo boa consciência, o mal e a morte, inimigos da paz. O pacifismo é uma *mistificação* que desconhece os desdobramentos da realidade humana e desencaminha as energias e os esforços que poderiam trabalhar verdadeiramente pela paz. A mistificação pacifista começa pela *má interpretação*: joga o problema da violência, com o problema do mal, do sofrimento e da morte, na altura da divindade ou do cosmos. É a tendência gnóstica, que se expressa pelo mito ou pela sabedoria totalizante. Tanto a violência como a paz encontram sua explicação num quadro cósmico que ultrapassa os esforços cotidianos. Um exemplo agudo desta mistificação foi o maniqueísmo com seu dualismo conflitivo da divindade e do cosmos no qual estaríamos encravados. Contra a gnose maniqueísta se levantou santo Agostinho, que respondeu à mesma altura, numa interpretação também gnóstica, mas de um gnosticismo antignóstico, deslocando a impessoalidade ou a divindade da violência para a esfera humana primordial e coletiva: toda violência, mal, sofrimento e morte se enraízam no pecado original, e tudo é culpa e peso do gênero humano, *massa peccati e massa damnata*. A paz é, então, um impossível caminho moral, que só não soçobra por intervenção da graça divina[3]. Ao lado do gnosticismo, poderíamos lembrar o apocalipsismo e o messianismo que também põem a violência e a paz em forças históricas e cósmicas por cima de nossas cabeças, em intervenções poderosas de caráter divino com soluções espetaculares tornando-nos espectadores impotentes ou participantes passivos de nossos destinos. Mas seríamos nós capazes de exercitar a paz como também o bem e todas as virtudes por nós mesmos, como queria Pelágio no seu otimismo moral confrontado com Agostinho? O que interessa, aqui, é a tentação permanente dessas soluções: o apocalipsismo e o messianismo fundamentalistas ou o gnosticismo mistificante não se renovam somente na religiosidade popular ou esotérica. Na filosofia, nas ciências, na política e na economia também se apresentam, mesmo de forma moderna e secularizada, as mesmas interpretações e soluções:

Na filosofia, por exemplo, a dialética pode acabar sistematizando o mal com o bem, a violência com a paz, justificando a violência como preço da paz. Pouco importa se trata-se de dialética hegeliana ou anti-hegeliana, idealista ou materialista. O mal, ainda que na forma mais justificada de repressão, seria afinal necessário ao bem.

---
3. Cf. interpretação da violência no quadro da gnose e da antignose: RICŒUR, P., *O Mal*. Campinas, Papirus, s/d., pp., 31-34.

Nas ciências, o estruturalismo tende a renovar o destino de natureza sobre o qual os gregos assentavam a tragédia. A violência explicada estruturalisticamente nos deixa impotentes.

Uma política e uma economia capitalista de mercado se justificam como a visibilização da idéia de infinito na produção e no progresso, a ordenação da aparente desordem por meio do messianismo inscrito nos bens de consumo, na procura e na oferta e raridade. A perda, o sofrimento e a morte por exclusão se explicam no "ajuste" do crescimento. Em todos os casos, a violência é um fato que se explica como inerente ao processo. Uma vez justificada a violência, pode-se embalar na doçura do pacifismo. Contra isso, o moralismo pelagiano que põe o mundo inteiro nos ombros humanos ou o graciosismo em que se espera ser carregado nos ombros de Deus têm pouca plausibilidade para fecundar a paz.

É teologicamente correto, do ponto de vista bíblico, colocar em Deus o início, o meio e a plenitude da paz. A paz é um dos nomes de Deus: "Javé é paz"(Jz 6,24). Toda experiência de Deus ou de paz são reversíveis entre si. Toda aproximação de Deus se comunica com uma saudação de paz e, afinal, toda paz é dom e autodoação de Deus. Na experiência cristã, "Cristo é nossa paz"(Ef 2,14). Ele derrubou o muro da inimizade dos diferentes, e sua presença reconciliadora equivale à presença da paz. Leva assim, messianicamente, à mesma reversibilidade entre Deus e paz. Parafraseando João, "Deus é paz, e onde há paz, aí está Deus"(1Jo 4, 10). Mas a paz, tanto quanto a experiência de Deus, é um bem eminentemente escatológico, plenitude de um processo de revelação e de comunhão dos diferentes que conhece no presente histórico um caminho e um método. Este caminho e este método nos interessam aqui.

Nem Deus pode desconhecer a violência do mundo, e grande parte da Escritura trata da violência e de como derrotá-la, exorcizando-a de tal forma que o mal não tenha parte nem volte a rondar a criação. O mal não é eterno, a virulência do mal que se revela na proliferação da violência será aniquilada. Sem pacifismo, sem mistificação, segundo a afirmação do biblista Beauchamp ao tratar da violência na Bíblia: "Depois que a violência se impôs como não-mansidão, toda a mansidão sobre a qual não se tiver imposto a marca da violência, é ilusória. A mansidão abrirá seu caminho por entre a violência, nunca fora dela"[4]. Em outras palavras, "não é abandonando o cenário da violência que a mansidão se

---

4. BEAUCHAMP, P., *A violência na Bíblia*. São Paulo, Paulus, 1994. p. 22.

manifestará, mas sim no próprio cenário. A mansidão se apresenta como *vitória* sobre duas pulsões contrárias: a violência agressiva e o medo que sugere a fuga"[5].

Nosso método será o de **compreender a violência para atuar a paz e compreender a paz para combater a violência.** Por uma questão de ordem mais didática do que ontológica, categorizo aqui a violência em três níveis: violência essencial ou indiferenciada, violência idolátrica e violência institucionalizada ou diferenciada. Passando depois pelas categorias de castigo e graça, sugiro os métodos da paz como palavra, aliança, desmascaramento ou purificação, educação, crescimento e instituições para a paz.

1. OS EXTRAVIOS DA VIOLÊNCIA

A violência é uma forma especial do mal, especificamente do mal moral: trata-se de um sofrimento *infligido* a alguém, um mal *cometido* por alguém contra outro alguém que sofre o mal recebido. Na violência há sempre vítimas. Mas, como mostrou P. Ricœur, pode-se descer às raízes da violência e perceber sua unidade e confusão com todo sofrimento, com toda forma de mal, de pecado e de morte. O mal moral pode ser castigado, e o castigo é, de alguma forma, um sofrimento infligido e merecido. Aqui está a força de interpretação agostiniana do pecado original: "Quem sabe se todo o sofrimento não é de um modo ou de outro o castigo de uma falta pessoal ou coletiva conhecida ou desconhecida? Tal é o fundo obscuro, nunca completamente desmistificado, que faz do mal um único enigma"[6]. O problema, porém, não se põe somente na origem deste *mysterium iniquitatis*, mas na sua proliferação infecciosa: todos os âmbitos da realidade, em suas diferenças, são afetados. Esta generalização é experimentada como violência, violação e transgressão, disfunção e indiferenciação e, finalmente, destruição e morte.

1.1. Violência essencial — ou indiferenciada

O caos pré-cósmico é o símbolo da massa ou energia informe e indiferenciada, como um mar imenso e um abismo sem fundo de energias que se entrechocam e se precipitam sempre de novo na indiferen-

---
5. *Idem, ibidem*, p. 67.
6. RICŒUR, P., *op. cit.*, p. 26.

ciação. É uma ameaça permanente para o cosmos onde cada coisa habita com sua identidade e diferença. O caos é a *condição de possibilidade* de toda violência. A morte é a perda da identidade e da diferença, um retorno ao caos, uma submersão na indiferenciação. "Retorno ao pó", segundo a Escritura, a morte é a violência do caos ativo que traga as criaturas.

Para dominar e manter-se sobre este mar de violência, é necessário perseverar na identidade, manter-se na diferença. Ora, para a criatura *humana*, segundo a lição do Gênesis, manter-se na diferença é, em primeiro lugar, *dominar o animal* que ronda dentro de si ou à sua porta. Tomar a palavra e dar nome ao animal é não só governá-lo bem mas reconhecer a diferença e, nisso precisamente, saber governar a si mesmo. Antes de cultivar o mundo como casa habitável — mundo doméstico — é necessário domesticar o humano estabelecendo-se na diferença entre humano e animal. Caim não se manteve na diferença, apesar da advertência: "O pecado jaz em tua porta, animal acuado, ele te espreita. Podes acaso dominá-lo?"(Gn 4,7). Como no caso de seus pais diante da serpente, o início da violência está em escutar e deixar-se governar pelo animal em vez de governá-lo pela palavra.

A *palavra* é criadora do humano e do mundo humanizado e domesticado. Em Caim, mais precisamente, a falta de palavra está na face voltada para o chão, face irritada e sem boa disposição. Sem levantar a face não lhe é possível a palavra e nem o domínio sobre o animal que o espreita. Não que o animal seja criatura violenta, mas o homem que se confunde com ele, ao se irritar contra seu irmão fechando-lhe a face e perdendo a possibilidade da palavra, introduz a indiferenciação, violência para si e para o animal. Desde seu primeiro ato de violência, passando pela construção da primeira cidade fortificada — a cultura da violência e a tentativa desesperada de se diferenciar pela violência —, Caim é o pai de uma violência, de uma contaminação do animal e de uma adoração do animal que iria crescer e se multiplicar até a imersão no caos do dilúvio, a violência total. A retomada da ordem e da diferença, com Noé, se estabelece não mais sobre a palavra que governa a diferença entre o homem e o animal, mas sobre a caça do homem ao animal. Nesta nova ordem, o animal se torna alimento do homem; pacto de paz com a concessão a uma violência institucionalizada que inclui o pavor e a fuga por parte do animal (cf. Gn 9,2-3). Portanto uma paz precária, ambígua, guerreira, que só aos poucos e escatologicamente se restabeleceria plenamente. A adoração divina em formas animais e em sacrifícios de animais também só aos poucos, com a palavra de interdito, pôde ir diferenciando de novo o divino e o humano do animal.

O que é o *humano* diferente do animal e do divino? É criatura, mas não é simplesmente uma criatura entre as demais. É *nephesh*, corpo de desejo, de aspiração, de respiração do espírito, de palavra, de sentido e significado. Positivamente é ser de transcendência que começa no desejo. Mas negativamente é um ser *ex nihilo*, desnaturalizado, sem adequação a alguma natureza prévia, ou, em termos pós-freudianos, uma subjetividade dessubstancializada, construída pelo desejo.

O desejo que constitui o humano é uma *abertura* insaciável ao infinito, um desejo de alteridade, desejo de Deus ou de ser deus, como testemunha dramaticamente o *cor inquietum* de santo Agostinho. Ou, entre nós, Lévinas, que diferencia a necessidade — esta nos põe em igualdade com qualquer animal em suas necessidades biológicas — e o desejo que constitui a transcendência e que se alimenta de mais desejo[7]. Ao mesmo tempo em que é abertura ao infinito, o desejo é *energia vital* suscitada desde o desejado que impulsiona ao infinito. E aqui se introduz a *tensão do desejo*: **o desejo é despertado num mundo limitado que nega o desejo**[8]. Antes ainda de alguma lei ou cultura positiva proibir o desejo, é a estrutura mesma da realidade que se apresenta de forma proibitiva, com a objetividade de uma lei exterior ao desejo, criando a tensão e, ao menos aparentemente, a contradição: aquilo que desperta o desejo também nega o desejo pela impossibilidade de satisfazê-lo, pela frustração. São Paulo constata a estrutura normativa da realidade não só na lei mas também na consciência paga. Porém, lei e consciência estão ligadas ao flagelo da realidade que suscita e acaba frustrando o desejo a ponto de fustigá-lo e torná-lo furioso, desejo "fora de si", enlouquecido, ferido de morte, cólera que mergulha na indiferenciação do caos[9]. Assim, a lei e a consciência, em vez de proteger, exacerbam a frustração do desejo e a violência.

A realidade que suscita o desejo não é aquela do mundo das necessidades, mas a realidade transcendente da alteridade humana, que tam-

---

7. Cf. LEVINAS, E., *Totalité et infini*, La Haye, Nijhoff, 1974 (4°) pp. 3;34-35;90;125;174.

8. Cf. VARONE, F., *El dios "sádico" Ama Dios el sofrimiento?*, Santander, Sal Terrae, 1988, pp. 3ss.

9. Este é o tom da análise inicial da realidade na carta aos romanos. Cf. Rm 1,18ss.

bém é desejo: *o desejo é suscitado e se alimenta pelo desejo do outro, tem nas necessidades e nas coisas do mundo uma mediação*. Segundo o ensinamento de Lacan e de Girard, o desejo é *mimético*, e na mímesis está a sua máxima tensão, o risco de máxima violência, a destruição da diferença entre humanos, que significa a destruição da alteridade e da subjetividade, o assassinato por meio do desejo mal conduzido e enfurecido, a ação de Caim, de Édipo ou de Rômulo, protótipos de violência fundadora. O círculo do desejo mimético se bate com o interdito, com a palavra que se atravessa no caminho do desejo e que se constitui em princípio da realidade, da razoabilidade e da lei. É exatamente por isso que o desejo renegado se rebela e chega à loucura, à fúria que leva ao caos. São Paulo exemplifica com o desregramento das paixões, os frutos da carne, o entredevorar-se da comunidade (cf. Gl 5,13-25). O extravio do desejo, a rebelião e a frustração fazem da vida humana, segundo a fina análise da carta aos romanos, uma vida contraditória, privada de satisfação e condenada. O salário é a morte (cf. Rm 6,23).

A violência, essencialmente, começa na indiferenciação produzida pelo desejo que constitui transcendentalmente o humano, especificamente o desejo mimético, e faz retornar, pela destruição da diferença, à morte. Mas o desejo constitui o humano e por isso é irrenunciável: não é a repressão do desejo mas a sua orientação libertadora que poderá resgatar da violência e transformar a transgressão em transcendência.

1.2. Violência idolátrica e sacrifical — totalizante

Ídolos e sacrifícios se reclamam. Ídolo, ideologia e máscara, ou seja, encobrimento da realidade e produção de mentira também se reclamam entre si. E finalmente imaginação e imagens, desejo e projeção ao infinito por meio de imagens, e a conseqüente manipulação do desejo idolatrado através da imagem, tudo isso faz parte da máquina de produzir deuses substitutivos da relação com o outro, ou seja, com a realidade transcendente. O outro é sacrificado ao desejo, que tenta se assenhorear do desejo do outro pela mediação do ídolo. A relação não é mais de palavra e de face, é encoberta pela sedução da pseudoface, a máscara que encarcera o desejo do outro. A máscara, a mentira, a pseudopalavra, a produção de ídolos totalizantes potencializa o desejo e lhe dá poder sobre o desejo do outro. Estabelece-se a relação entre o ídolo e o animal: os ídolos sussurram qualidades animais em estado exacerbado e desconjuntado. Sem a palavra que nomeia e governa mantendo a diferença e a harmonia, as qualidades animais inflamadas pelo desejo se inflam em ídolos. Há uma inversão, uma entrega ao produto do desejo com desejo de apropriação. O produto está projetado na inflação da mentira, na imagem sem realidade, na ideologia totalizante da idolatria. Pelo desejo mimético, como enfatiza Girard, os homens primeiro se constituem em deuses uns para os outros e finalmente juntos projetam um ídolo comum, encravado na animalidade, mas posto acima e totalizando uns e outros. O modelo, ou seja, o idolatrado, se torna rival, e a apropriação leva ao sacrifício. Passa-se do sacrifício de si em homenagem ao modelo para o sacrifício do próprio modelo tornado rival idealizado até a aniquilação, a menos que juntos fabriquem o ídolo e a ideologia totalizante para o qual todos se dirigem com a homenagem de sua admiração, sacrifício e ressentimento.

Os ídolos e as ideologias povoam as vitrinas do mercado, e a propaganda é, literalmente, a "alma do negócio". Movem a economia e a academia, os contratos, os consensos, as barganhas. Mascaram e justificam desde a subserviência até o assassinato e o genocídio como sacrifícios e oferendas aceitáveis com boa consciência. Seriam "ajustes" exigidos pela razão absoluta e indiscutível da ordem divina. Só um lobo mais forte pode deter o lobo: a lei e a sua própria violência.

1.3. Violência institucionalizada — diferenciada

O desejo não pode suportar a voragem de ser desejo de todos desejando todos convertendo-se em violência de todos violando todos. Nem se resolve na concentração do desejo unânime de todos em um — o modelo de todos, e, portanto, ídolo, o que vira em violência se concentrando em um: o eleito que cataliza o desejo de todos passa a ser o culpado que carrega a frustração e a violência de todos, herói e vítima a ser sacrificada para aplacar e reorganizar a paz e a harmonia das diferenças anteriores à indiferenciação produzida pelo choque de desejos. Nada disso garante a permanência do desejo, essencialmente inquieto, dentro da ordem. É necessário o interdito da lei, a instituição ordenadora como princípio de realidade e nova mediadora dos desejos.

Voltando à primeira página da Escritura, há ali uma produção generosa de mandamentos positivos em forma de bênção, de vocação e de missão, e somente um interdito proibitivo, o que é mais que suficiente para o desejo se inflamar até a transgressão do único interdito. O que se conhece depois é a multiplicação de interditos, a lei na forma de proibição como remédio à violência do desejo.

São Paulo, na carta aos romanos, depois de analisar a miséria dos desejos que se consomem, passa a constatar a impotência e a miséria da lei. Nela se condensa a contradição entre desejo e realidade: já não vivemos num caos de paixões, mas num mundo instituído, numa ordem social. É então que o desejo é despertado no contato com a realidade que o nega, ou seja, a instituição que o proíbe, o reprime, o castiga. Pode-se reconhecer a boa intenção da instituição: a lei é "boa, justa e santa". Mas por si mesma não suscita a energia para cumpri-la: ela sofre de "astenia" (cf. Rm 8,3; Gl 4,9; tb Hb 7,18). Pior que isso: ao entrar num mundo em que o desejo já está regulado e proibido pela lei, é exatamente a lei que suscita e conduz o desejo ao transbordamento da transgressão: "Eu teria ignorado a concupiscência se a lei não dissesse 'não te entregues à concupiscência'. Mas o pecado, aproveitando a situação através do preceito suscitou em mim toda espécie de concupiscência (...) servindo-se do preceito me seduziu e por meio dele me matou"(Rm 7,8:11). "O preceito dado para a vida produziu a morte"(Rm 7,10).

O remédio legal e institucional para a violência do desejo pode ser, diante da rebelião e do fracasso, reforçado e aperfeiçoado: o aperfeiçoamento das instituições seguem o provérbio de que "o mais forte amarra o forte". É aqui que René Girard parece levar adiante a tese paulina: é necessário que a lei possua uma capacidade de violência na forma de repressão maior do que a violência da transgressão. "Si vis pacem, para bellum": tenta-se criar a paz por meio do pavor dissuasivo, como no caso da aliança noáica de Gn 9. É também tentar criar ouro a partir de metais menos nobres. Isso exige não somente a virtual violência mais potente mas também uma sacralização de sua autoridade, distinguindo-a como algo justo, benévolo, puro, em confronto com a violência impura, caótica, indiferenciada. Atrás da sacralização desaparece a consciência da violência das instituições até que elas, por mais exacerbadas que se tornem, não dêem mais conta da dialética de violência que elas mesmas voltam a suscitar ao reprimir. Então vaza seu fundamento de violência encoberta e sua diferença sacralizada se corrói na indiferenciação: não se sabe mais distinguir a polícia do bandido.

Assim, se num primeiro momento a ordem institucional é aceita como realidade que organiza uma sociedade e a defende do caos, num segundo momento faz desejar o caos e empurra à transgressão como liberdade e transcendência. No caso de Édipo, por exemplo, a crítica de Girard a Freud com respeito ao sofrimento consiste em que este só foi capaz de interpretar a segunda parte do mito: tudo começaria no parricídio. Em termos sociológicos, seria como as classes subalternas que subvertem a ordem começando por aniquilar a classe governante. Ora, na verdade tudo começou em Laio, o governante e pai, no seu esforço de filicídio preventivo quando o filho era ainda frágil ou quando o encontra em desvantagem na obstrução do seu caminho. Laio, o representante da instituição, é o suscitador e, nesse sentido, o pai da violência do subalterno que se volta contra a instituição e a leva ao caos. Freud não podia ver isso porque a instituição coincide com o princípio de realidade diante do qual é necessário acomodar ou renunciar ao desejo. Na verdade, a rebelião do desejo até a indiferenciação e a loucura é suscitada pela instituição que a reprime.

Pode-se perguntar se as instituições democráticas, fundadas no pluralismo e no consenso, não modificam a relação entre instituição e violência. A perda de fundamento sagrado da instituição a torna certamente mais flexível, mas também mais frágil. Ao seu fortalecimento corresponde uma sacralização, ainda que seja uma paradoxal sacralização secularizada: em nome do povo, da democracia, da ciência, do progresso da nação ou da humanidade... de tal forma que se torna, no âmbito secular, mais invisível e mascarada, com a sacralização, a violência. A prova de fogo da democracia está no tratamento da transgressão, ou seja, no castigo.

2. CASTIGO E GRAÇA

Castigo é violência merecida. Está na esfera do mal moral, precedido pela imputação de quem é responsável, pela acusação de seus atos como violação do código ético dominante na comunidade e pelo juízo de condenação pelo qual se declara a culpa e se inflige o castigo merecido. O merecimento supõe medida de correspondência: cada um merece o quanto lhe corresponde, tanto de prêmio como de castigo. Um dos grandes dilemas do castigo legal é a medida de sofrimento que deve corresponder à ação. Sete vezes mais? Ou medida de talião? É possível uma real proporcionalidade entre violação e castigo? Eis a questão de todo castigo! Castigo é pena, e pena é sofrimento — sofrimento infligido — e na esfera do sofrimento não há proporcionalidade possível. Sofrimento não é quantificável. Assim, se há confusão entre sofrimento e castigo que faz pensar que todo sofrimento é algum castigo, há possibilidade do inverso, de que todo castigo seja sofrimento, faz vítima. O castigo atinge o culpado de violação, mas seu caráter de sofrimento, com a impossível proporcionalidade do sofrimento, o atinge como vítima e inocente para além de culpado. Assim, por lei de inércia, como no caso mais geral de toda lei, o castigo produz a violência que reprime e a exacerba. Pode-se abdicar da repressão e do castigo sem decair no pacifismo iníquo que acoberta a proliferação da violência? Este foi o dilema de santo Agostinho diante dos homicídios praticados pelos donatistas e da acusação de que sua benevolência estava se tornando cúmplice: apelar para o "braço secular"?[10]

2.1. Castigo autolimitado

Deus castiga, na Escritura, desde o primeiro ao último livro. Teria direito ao castigo absoluto sobre sua criação, a aniquilação. Mas se autolimita no castigo, colocando junto ao castigo o cuidado para que o próprio castigo permaneça limitado e abrindo um horizonte de superação do castigo. Assim, para os primeiros pais, tece roupas para que o castigo da nudez descoberta não seja total, e promete o esmagamento da serpente. Para Caim, põe uma marca pela qual não poderá ser objeto da violência que ele mesmo causou. O castigo geral do dilúvio faz sobrar uma arca de sementes de um mundo novo onde o arco-íris lembre sua promessa de autolimitação: jamais destruirá completamente. A diferenciação de línguas não é apenas impedimento mas uma forma de proteger os grupos humanos uns da violência de outros, pelo isolamento. Ao longo da história, o castigo vem sempre acompanhado de uma possibilidade nova, de um excesso de graça sobre o castigo[11].

Castigo, através dos textos de sabedoria, pode ser encarado como "pedagogia": Deus castiga os que ele ama e os que dele se aproximam. Como o oleiro que prova e corrige a forma de suas esculturas em caso de

---

10. Agostinho resiste em crer que a aplicação de castigos melhore os donatistas. Diante dos fatos, passa a justificar biblicamente e pedagogicamente a aplicação de castigos, misturando os argumentos a favor e contra. E finalmente, zela para que os castigos sejam limitados. Cf. Cartas 185 e 133, onde há inclusive diferenças entre teoria e prática!

11. Cf. KRASOVEC, J., "Punishment and Mercy in the Primeval History", in *Ephemerides Theologicae Lovaniensis LXX*, abril 1994, pp. 5-33.

malformação, é necessário amassar e deformar para reformar, amassar até fazer retornar ao caos informe, pura massa, para recomeçar a dar forma. A este amassamento corresponde o castigo pedagógico, o sofrimento da perda de forma retornando a um certo nada pelo arrependimento e contrição, deixando-se reformar. A purificação e o conseqüente amadurecimento também estão nesta dinâmica, como na tradição do purgatório. Mas o castigo pedagógico tem limites, como protestou Jó diante dos amigos. Pois se Deus mata, de que adiantaria aperfeiçoar?

2.2. Condição do castigo: a misericórdia

Só pode reconduzir ao caos sem violência quem pode dele retirar para algo melhor. Três títulos divinos asseguram a não-violência do castigo e a sua superação: a piedade, a compaixão e a misericórdia. O que supõe vulnerabilidade, participação no sofrimento. Trata-se de atitudes não inteiramente institucionalizáveis porque implicam sofrimento, e sofrimento não só não é quantificável mas também não é inteiramente apreensível nem compreensível. Sobretudo a misericórdia, que une sofrimento com fecundidade, sofrimento materno: sofrimento por quem se faz sofrer ao castigar e sofrimento de engendrar o que se quer corrigido. Exatamente nesse sentido Paulo contrapõe à corrupção do desejo e da lei, a maternidade de Deus: Há dores de parto em Deus, através do Espírito que geme para nos libertar da escravidão e nos tornar filhos e co-herdeiros com Cristo.

Só o amor materno sabe castigar corretamente porque sabe engendrar de novo. Só pela piedade, pela compaixão e pela misericórdia a graça se estende mais ampla do que a violência do castigo e o salva da escalada destrutiva. Graça significa rompimento da lógica de merecimento. Por merecimento não se escapa da exacerbação da violência no castigo. A vingança é um elemento onipresente na cultura, na ordem e na lei. É uma espécie de direito à violência e à eventual destruição para reabilitar o ser social — a "honra" — e a vida violada. O Estado se outorga o direito de aplicá-la no lugar dos implicados, porque, por mais privada que seja a vingança, suas medidas levam necessariamente a uma escalada de violência: se "violar" é transgredir, ir além das medidas, a vingança é proporcional se também violar e transgredir, e portanto a medida de talião é insuficiente, é necessário ir além das medidas. Não há saída da escalada! Por isso acaba afetando toda a comunidade. A abstração do tribunal público e suas medidas nunca são proporcionais para os que já estão dentro do círculo e da escalada da vingança. A autolimitação do castigo e o indulto da graça supõem a capacidade de suportar um *déficit* na vingança; uma perda, uma paciência e uma compaixão suportam e sofrem a perda sem exigir inteiramente de volta o que se perdeu: **excesso da misericórdia sobre a eqüidade. Só a misericórdia põe fim à violência mesmo justificada. A misericórdia não quer mais o sacrifício.**

Como transpor a capacidade do amor materno, da misericórdia, para o âmbito das instituições que castigam? Há traços de certa institucionalização da graça no indulto, na redução de pena, na comutação. As ocasiões jubilares são mais favoráveis para a graça do perdão, e por isso — por exemplo — a soltura de presos está culturalmente ligada a festas. Resta a prova: a misericórdia permanece como exceção na linha da eqüidade ou vai exceder e vencer?

3. OS CAMINHOS DA PAZ

Como já mencionamos, a paz sem pacifismo deve partir da situação de violência, perpassá-la e triunfar — sem vítimas. Precisa contar com instituições, leis, repressão e penas. Mas a regra é a do alquimista paduano: para criar ouro de metais menos nobres é necessário partir do ouro.

3.1. Introdução da palavra

A palavra se apresenta ao mesmo tempo frágil e potente. A violência é sem palavra, é loucura e furor mudo. A palavra chama a razão. Não se trata, porém, da palavra que coincide com a instituição e a lei *tout court*. Onde a lei não é precedida e acompanhada pela palavra, é autoritária e hostil, levando à rebelião[12]. A palavra excede a lei e cria um novo espaço de encontro com a realidade. Introduzir a palavra num caos de violência ou na hostilidade das instituições é começar a criar, a dar forma, a significar e orientar. Ela significa mais imediatamente a alteridade e a presença que estão também na instituição e na lei, possibilitando assim a diferenciação, a relação com a transcendência de uma alteridade viva. Assim *a palavra educa para a paz*, e a educação tem sentido enquanto palavra criadora.

---

12. Cf. BEAUCHAMP, P., *op. cit.*, p. 49.

Na diferenciação, a palavra tem mão dupla: é palavra que se profere e que se acolhe. A violência é vencida pela educação à palavra em mão dupla. É perigoso, porém, identificar rapidamente a palavra educação com instituições educadoras. Pelo contrário, quanto maior a situação de violência, tanto mais pedagógico o socorro de instâncias educadoras não--oficiais que tenham espaços de mediação para apresentar uma palavra desarmada, uma face de paz. As instituições intermediárias da sociedade civil, as ONGs, a iniciativa popular, têm mais chance de introduzir a palavra criadora.

3.2. Progressão de alianças

A história da paz é uma história de alianças. A guerra é incapacidade de aliança. A palavra introduz a capacidade de fazer aliança. Mas numa situação de violência, a aliança precisa conhecer um processo, uma progressão. Exige reconhecimento, oferta, fidelidade. **A aliança ajusta os termos da paz e a torna justiça e eqüidade.**

Há dois perigos que arriscam o fracasso da aliança: a imposição que humilha e a negociação que "vende a alma" para conseguir favores. Estas experiências estão sedimentadas na história de Israel: Javé não usa a potência que humilha, pois a proposta de aliança é substancialmente a de esposo para esposa e de mãe para filho, em que os termos referentes a Javé se atêm à desidolatrização que escravizaria o povo. Assim, tudo está para que o povo escolha a sua própria vida e não a morte. Por outro lado, na aliança noaica, a concessão de caçar e se alimentar com o animal não permite que se alimente com a "alma" do animal, ou seja, com o sangue (cf. Gn 9,4-6). Quando Israel faz alianças oportunistas cedendo a sua verdade para obter sobrevivência, não resiste à armadilha da aliança (cf. Is 7,9).

As alianças progressivas são cada vez mais *inclusivas*. Nelas vão se reabilitando os elementos causadores de violência, simbolizados nas forças animais: desorganizados pela perda da nomeação, idolatrados pela confissão com suas potências, colocados numa aliança de terror, a aliança noaica, finalmente se alimentarão juntos de grão e erva pacificamente, aliados ao humano desarmado, governados por uma criança, o "príncipe da paz" (cf. Is 9,5:11,6).

Uma parábola deste tipo de aliança progressiva para a paz se encontra de modo exemplar no pacto entre a cidade de Gubbio e o lobo, mediado por são Francisco de Assis. Aí se encontram todos os elementos: a violência indiferenciada e selvagem do lobo, a violência organizada da cidade, mas sem dar conta do terror crescente.

Francisco introduz a palavra, os termos da aliança, sem humilhar e sem ceder a verdade para ambas as partes, tornando finalmente construtivos os mesmos elementos que antes espalhavam violência.

3.3. Desmascaramento dos ídolos

Uma sociedade que substitui a palavra pela imagem se cobre facilmente de idolatria. A menos que a imagem seja palavra e apresentação pacífica de uma face, de uma alteridade, o que seria iconologia. A diferença está na pacificação ou no açulamento do desejo. No ícone há uma face que se abre sobre o ambiente iluminando-o discretamente e criando nele um espaço vital para quem vive à sua luz, como a criança anda livre no espaço assegurado pela presença do olhar materno. Já a imagem idolátrica exige os holofotes voltados para ela e a atenção tensa de desejo criando um espaço de ansiedade e absorção. Diante da imagem idolátrica, ver e ser visto é uma questão de ser ou não ser [13].

O mercado é um lugar privilegiado da idolatria. Mais do que desejo de consumo, é onde arde e se consome o desejo. Aí se excitam os sentidos. Um dos sinais do atual estágio do mercado é a *saturação*. Ela porta à indiferenciação, à confusão orgiástica e depois ao tédio mortal. Passa-se da fúria à banalização. Ídolos precisam ser desvestidos, desmantelados, despotencializados. A paz reclama, num certo sentido, esta "guerra aos ídolos". O seu correlato, mais positivamente, está na **purificação dos sentidos em** uma versão nova: tomar distância crítica do mercado e do consumo, domar os meios de comunicação por meio da crítica, ir para a experiência de deserto. Seria mesmo necessário este tipo de sociedade? Por que não arriscar alternativas? Sabendo administrar a falta de verificações espetaculares, que são próprias de uma sociedade povoada de ídolos sempre espetaculares, seria possível percorrer um caminho de pacificação que só o exercício de *distanciamento crítico* possibilita.

---

13. Cf. DUMOUCHEL, P., DUPUY, J. P., *L 'enfer des choses,* Paris: Seuil, 1979, pp. 23ss.

3.4. Cultura da paz

A paz pode ser cultivada e culturalmente sustentada. Num mundo de violência obrigatoriamente institucionalizada, a paz, como a liberdade, tem ao menos dois caminhos de cultivo, segundo o paradigma da história de Israel: o êxodo e o sábado. Ou, em outras palavras, a militância e o lazer.

a) A paz é fruto de um êxodo, ou seja, de um caminho progressivo, ativo, trabalhoso, doloroso e militante, mesmo com reveses, para a construção de uma paz visível, histórica, tecida de obras, de bens, de frutos do trabalho que saciam: o homem que come é um homem pacificado, justo. É uma paz que exige a responsabilidade da militância, da produção, da organização, da política, da inteligência. É a paz messiânica no sentido mais original: eleição e responsabilidade pela paz. Sem uma subjetividade devotada que se encarregue de responsabilidades públicas a paz permanece no mito.

b) A paz é antecipada no lazer sabático. Não só comer lado a lado sem comer a carne um do outro, mas comer confraternizando. Também **brincar**, ou seja, a relação lúdica e artística tem o sabor da paz. Aqui, em vez da progressividade militante do trabalho e da responsabilidade pela construção da paz, trata-se de uma imediatez escatológica, uma antecipação e um salto que faz experimentar o fim no meio do caminho, mantendo o gosto e o prazer energizante inclusive para quando sobrevier a dureza e o desgaste da militância. A paz sabática é contemplativa, jubilosa, convivial, tecida de palavras gratuitas. É pública e democrática. No lazer em ambiente público que põe a brincar e a passear sem preocupações e sem o exercício das funções e títulos que criam diferenças institucionais e hierárquicas, há uma criação de boa disposição e de comunicação entre as classes. Isso distensiona a irritação da face cainesca. Uma política do lazer público, da cultura gratuita e popular, é um segredo para a resistência e para a credibilidade da paz, como foi o sábado no exílio de Israel[14].

Em síntese, o cultivo da paz se dá na diferença e na pluralidade não só aceitas mas também partilhadas em plena praça, e para isso são

---

14. Cf. MOLTMANN, J., *Dio nella creazione*, Brescia, Queriniana, 1986. p. 318ss.

importantes os espaços pacíficos em que se mostre e se faça oferta a pluralidade, uma espécie de *mercado participativo* onde convirjam trabalhos, obras e lazer. Portanto, *mercado* num sentido humano, purificado de ídolos.

3.5. Paz e desejo

O mercado, no entanto, é sempre um lugar de risco de idolatria e de transgressão e violência. É que, na sua raiz mais profunda, a paz tem de se haver com o desejo. Não se trata de uma pacificação do desejo na forma de aquietação e acomodação, seja pelo caminho do consumo até o tédio ou da mística pacifista. Se o desejo é *energia vital* e *abertura ao infinito* a pacificação só pode ser dinâmica apaixonada, desbordante: a conversão da transgressão em transcendência, da violência "da carne" em violência "do Espírito", nas palavras de Beauchamp: "À violência como excesso opõe-se o excesso do Espírito. Excesso em relação à lei (...) não é o equilíbrio da lei, mas o desatino do amor que terá a última palavra diante da violência"[15]. Todo cumprimento da lei que não brota da convicção é violência e morte, é pecado. Mas a convicção que supera de longe a lei provém do espírito. O cultivo de valores espirituais, da abertura mística, incide sobre o desejo e o conduz ao êxtase que constitui a existência humana, *êxtase como essência*. Estar *fora de si*, conforme a estrutura do desejo, não é necessariamente experimentar a loucura da violência e do furor que destroem. Ao contrário, pode se concretizar positivamente em *eros* como voluptuosidade pelo diferente e fecundidade — abundância de vida. E em *filia* como atração e intimidade dos companheiros na aventura da vida. E como *ágape* na comunidade criatural e humana que se abre sempre mais a outro no prazer da convivência.

Êxtase, estar fora de si, significa também, e em última análise, ética: percorre um caminho humano de carne e osso, onde *eros, filia e ágape,* perdendo toda a crosta de egoísmo, se revestem de *pura bondade*. Aqui o desejo se torna perfeito e a paz é completa. Mas isso já é escatologia. Neste mundo, a paz é **crescimento**. A paz parada se corrompe. A energia do desejo excede a lei e as instituições, e só na dinâmica do crescimento o desejo se sente em paz. No crescimento há abertura, encontro, revitalização, sentimento de se estar em paz com a vida. Não

---

15. BEAUCHAMP, P., *op. cit.*, p. 49.

porque se está "quites", mas porque há uma abundância de vida disponível pela frente. O desejo pode então se erguer e se alimentar em paz: o caminho está aberto. O excesso do Espírito possibilita herdar suavemente a terra como cidade habitável abundante em diferenças que fazem a alegria do desejo. Na unidade de um sorriso pacífico e pacificante, como diz Dante ao entrar no paraíso: "Parecia-me um sorriso do universo!"

A NÃO-VIOLÊNCIA NO BRASIL CONTEMPORÂNEO
É possível um desarmamento dos espíritos?[1]

Pierre Sanchis

A dinâmica deste nosso Encontro parecia fluir transparente — até a presente hora. Iniciado em perspectivas de Ciências Sociais, passou pela Filosofia, atingiu a Teologia. Isto, até ontem. E agora?... Na falta da designação de um campo epistemológico preciso, que implicasse pelo menos a presença ou ausência da competência correspondente, preferi conceber o que vou dizer como uma simples meditação, que não pretende minimamente substituir os enfoques especializados que a precederam, e suscetível de ser inclinada numa ou noutra direção por nossa conversa subseqüente.

Falar em "não-violência no Brasil contemporâneo", especificar: "o desarmamento dos espíritos", traz de imediato algumas evocações, problemáticas ou até contraditórias. No próprio Evangelho, o ideal da mansidão que faz apresentar o outro lado do rosto a quem o ofendeu — junto com a declaração conforme a qual Cristo não veio trazer a Paz, mas o gládio; na história da civilização cristã, a "Paz de Deus" feudo-monástica, mas também as Cruzadas e a Inquisição; a figura do Rei cristão apaziguando com justiça os seus súditos (são Luiz debaixo do famoso carvalho...) mas também a consigna do mesmo santo a seus cavaleiros: "se

---

1. Sou amplamente devedor a meu colega e amigo Antonio Luiz Paixão, de reconhecida competência nestes assuntos, que se dispôs a discutir comigo as idéias deste texto. Devo-lhe, em particular, ter chamado a minha atenção para a tese de Boaventura dos Santos.

ouvirem um judeu insultar o nome de Nosso Senhor, plantai-lhe vossa espada no coração". Mais perto de nós, Gandhi, a imensidão do movimento de desarmamento dos espíritos e das mãos, imediatamente seguido, no continente indiano — e até hoje — pela pior situação de violência étnica e religiosa; no Brasil, a tentativa de alguns bispos para organizar uma resistência de mãos nuas à violência da ditadura, e a crescente institucionalização paralela da insegurança e da ausência de socialidade mínima... Poderíamos continuar. Parece haver, por um lado, uma vertente generosa de não-violência que atravessa a nossa história, de um modo ou de outro enraizada na figura de Jesus (no Oriente as fontes seriam diferentes) — e, por outro lado, uma ambigüidade radical dos resultados *sociais* e *históricos* desta recusa. Como se, na verdade, se tratasse da recusa antinatural de uma pulsão fundamental ao ser humano: o apetite irascível de Sto. Tomás, a agressividade de Adler, a vontade de potência de Nietzsche, que aflora de modo perverso quando é simploriamente tolhida... Não é de hoje a observação de que, na tradição católica, as realidades psicológicas em frente das quais se monta o edifício da "perfeição evangélica", emblematizado pelos três votos clássicos (pobreza, castidade e obediência), constituem na verdade energias primordiais, impulsos vitais *contra* os quais uma ofensiva direta e radical só poderia ter conseqüências graves de perda de vitalidade e de desequilíbrio. "Não-violência", por conseguinte, não poderia em absoluto significar uma renúncia total em usar a força para afirmar-se pessoalmente e projetar-se num espaço "próprio" ou, eventualmente, para dobrar uma vontade alheia que agredisse o "público" e violasse outros espaços. Aliás, os movimentos de "não-violência" que fizeram história nunca se cingiram a isto. Não-violência, numa sociedade saturada de violência, será muito mais *administração* e *regulação* de uma dimensão não-contornável — e, quando finitizada e definida, construtiva — da vida social. Sim. Mas, nestas condições, falar ainda em "Desarmamento dos espíritos" não será reduzir a dimensão evangélica — ou simplesmente mística, ou singelamente ética — ao vazio convencional de uma "reta intenção", ao "desprendimento espiritual" de quem pretende usar sem se prender (usar da violência sem ceder a sua lógica)? Um texto de Teilhard de Chardin[2] veio encorajar-me em pensar o contrário. É concebível um real "desarmamento dos espíri-

---

2. Na verdade, uma série de textos, todos de dominância mística, se bem que dirigidos a homens de ação ("O desapego pela ação"; TEILHARD DE CHARDIN, 1957: 63); "O desapego não reside exatamente em rejeitar e desprezar, mas em atravessar e sublimar" (TEILHARD DE CHARDIN, 1959 [1936]:162). Todos estes textos orquestrados em LUBAC, 1968 (1965): 79-89.

tos" que não desemboque na pura exortação "moral" ou "espiritualista" sem que, por outro lado, se atenha ao sistemático afastamento das vias "de fato", da coação, da violência.

É isto que tentarei sugerir, sem outra pretensão do que abrir algumas pistas para nossa reflexão. Deixei surgir em mim algumas figuras do que poderia ser a "não-violência" numa sociedade como a nossa, figuras "possíveis", ou até utópicas. E é delas que vou tentar comunicar-lhes a imagem. Quero no entanto desde já explicitar que se algumas das soluções timidamente apontadas se situam claramente, por seu aspecto organizacional, no campo das instituições, em nenhum momento elas dispensam outra dimensão, fundamental para seu próprio realismo, a do desarmamento *espiritual*. Trata-se de articular, no homem total, política e mística, não de reduzir uma à outra — em qualquer um dos dois sentidos possíveis. É todo um aparelho — físico, mental, de motivações e institucional — que esta "não-violência" mobiliza.

1 — "Desarmamento dos espíritos" possivelmente seja, em primeiro lugar, num nível ainda muito global e, quem sabe, por demais externo, a elaboração, a convicção de que seja plausível a introjeção e sobretudo a prática cotidiana — como de um Mito, que informa efetivamente uma visão do mundo e um etos — de uma noção "civilizada" (no sentido de Norbert Elias) da política. O que implica a recusa de outra concepção, de "senso comum moderno": "A essência da vida humana, enuncia Louis Dumont, *não é* a luta de todos contra todos, e a teoria política *não pode ser* uma teoria do poder, mas uma teoria da autoridade legítima. Além disso, deve estar claro, ao término desta análise, que a generalização da noção de violência, com desprezo das distinções fundamentais no mundo moderno (entre público e privado, etc.), é de espírito totalitário e ameaça-nos de barbárie" (DUMONT, 1985:173; *subl. nosso)*. Na análise a que se refere, Dumont entende interpretar precisamente o fenômeno do "totalitarismo" — especificamente o nazismo — como a perversão do holismo (a teoria da totalidade social como fundante) e sua putrefação: "A violência no lugar dos valores", diz ele para resumir esta depravação (DUMONT, 1977:22-23). O Brasil conheceu recentemente este estado de sociedade (como se fala de um "estado de espírito"), quase este tipo de Estado também, em que a violência institucionalizada tratava de impor a uma sociedade de larga convicção e profundas aspirações democráticas (os princípios mesmo do "individualismo") a primazia da totalidade social, pretenso "Bem Comum", definido pelo grupo que detém o poder, sem passar pelo consenso — ou a procura da harmonização do dissenso

— em torno de *valores*. Se o Estado assim caracterizado felizmente se acabou, o "estado de sociedade" que, neste mesmo sentido, lhe correspondia perdurou, e está ganhando terreno. No fundo, o que será o espetáculo a que estamos assistindo senão o radicalizar-se da confusão: entre o público e o privado, entre o particular e o espaço de intervenção armada do outro particular. Isto, tanto no campo da economia e da segurança quanto, e cada vez mais — sobretudo nos espaços populares das grandes cidades —, da própria vida cotidiana. "Guerra"! Tende a imperar simplesmente a lei do rifle. Parecia pelo menos entendido (como um "valor" consensual) que *só* no âmbito das relações internacionais o uso da força individual (o individualismo das nações) seria legítimo. Mas, precisamente no exato momento em que a própria comunidade internacional, relativizando este princípio, procura meios para "regular" este uso e tenta designar instâncias coletivas a quem seria reservado o uso legítimo da violência entre sociedades, o clima de "guerra" é internalizado ao plano das relações intra-societais. *Foi*, sem dúvida, o caso dos totalitarismos e dos regimes autoritários: lembrem-se, no Brasil de ontem, da "guerra interna" proclamada pelo Estado militar. Mas *é* também *hoje* o caso da violência privada institucionalizada, cujo império se expande entre nós.

"Desarmamento dos espíritos", neste caso e *deste ângulo,* será introduzir e cultivar em todos os níveis das relações sociais, desde os mais individuais e cotidianos, os conceitos e os valores não só de "cidadania" mas de "civilidade" e "civilização". Em que sentido?

A violência é fruto de um impulso natural de afirmação de si (Bia, vis). Em certos casos ela é condição de sobrevivência. Legítima. Mas para a melhoria da vida social em sociedades mais complexas, o espaço onde operam estas afirmações de si correlativas vem sendo histórica e progressivamente submetido à regulação de uma instância coletiva que tende a limitar e domesticar o uso da violência, finalmente a assumir o seu monopólio. Neste sentido Norbert Elias: "A implantação de um monopólio militar e policial proporciona em geral a criação de espaços pacificados, de campos sociais dentro dos quais o uso da violência torna-se excepcional(...) Em tais sociedades, o indivíduo está pouco a pouco posto ao abrigo de agressões súbitas, de um golpe brutal contra sua integridade física; mas ele está também obrigado a recalcar suas próprias paixões, suas pulsões agressivas, que o empurram à violência contra seus semelhantes (...) Trata-se de uma transformação do comportamento no sentido da 'civilização'" (ELIAS, 1975 (1939):188-190).

É neste mesmo sentido que deve pesar, *num primeiro momento*, um movimento de não-violência: que a "rua" — e menos ainda a "casa" — dos cidadãos, o território público e o espaço de cada um, não continue à mercê das armas particulares. O desarmamento dos espíritos passa, sem dúvida, pelo desarmamento das mãos: que as armas deixem de ser mediadoras das relações sociais e, para isto, que o Estado ocupe o seu espaço e cumpra o seu papel. Que o Estado seja Estado, impulsionado para se assumir como tal pela própria sociedade civil. Parece ser exatamente o sentido do movimento *Viva Rio*. Paradoxo da não-violência, que parece requerer a visibilidade de um aparato de violência, quando na verdade apela de uma violência solta para uma violência regulada.

2 — Mas por isso mesmo, e ao mesmo tempo, esta sociedade civil não pode aceitar receber somente de um Estado sua cidadania, nem aspirar, simplesmente, a uma maior presença das instâncias estatais. Pois a implantação da "civilização" reguladora, tal como a descrevemos, não atinge a totalidade dos espaços sociais nem no mesmo ritmo nem com uma igual objetividade. O processo social que ela implica tem seus custos, freqüentemente acentuados pela perversão — a perversão do próprio Estado. A mesma instância "pública" que assume este processo, o Estado, no seu braço policial, militar, judiciário, pode deixar de ser "pública" para tornar-se, ela também, apropriada e colonizada pelos interesses, as paixões, as vontades de poder particulares. A ordem, então, não emana mais da sociedade, e o "bem" dito "comum" não pode mais ser sentido como tal. O Estado e seus órgãos são vivenciados como estranhos ao tecido social, e seus agentes, em todos os níveis, representados como: "Eles". Um "Eles" muitas vezes ameaçador e perigoso. Situação endêmica, bem o sabemos, na história das classes populares do Brasil, muito clara em numerosos casos atuais, e que alguns estudos recentes ilustraram[3].

Por isso mesmo — e sobretudo nestes espaços populares em que tal convicção coletiva faz parte de toda uma socialização e é constantemente reforçada pela experiência cotidiana —, o desarmamento dos espíritos pode passar pela montagem, deixada à iniciativa dos membros da própria comunidade — nos lugares onde ainda esta pode se expressar —,

---

3. Não se deve no entanto generalizar *a priori* tal situação. Penso nas finas análises de Alba Zaluar (ZALUAR, 1985 e 1994) e nas pesquisas em curso do Núcleo de Pesquisa do ISER (SOARES, 1993b 1993c). Cf. também o recente livro de Nancy Scheper-Hughes (SCHEPER-HUGHES, 1993).

de um sistema autônomo de resolução das tensões. Desarmamento cotidiano, institucionalizado fora das instâncias oficiais e legitimado pelo consenso comunitário. Que possam se explicitar formalmente as confrontações — até onde e nos níveis em que seja ainda possível — para serem processadas em paz. "Juízes de paz", dizia-se em outra época; juízes de pequenas causas, apaziguadores do cotidiano, desarmadores dos espíritos. Só que estes "Juízes" não fariam necessariamente parte de um corpo institucional burocrático, de competência oficialmente reconhecida. Emanação da Comunidade, ao contrário, participantes de sua vida e legitimados pelo respeito devido ao comprovado conhecimento do *etos comunitário* particular.

Não sei se ainda — e até quando e onde — a realização de tal utopia continua imaginável. Aponto-a como uma direção e um caminho, sabendo que, na maioria dos casos, ela terá hoje de se articular penosa e precisamente com aqueles que ocupam pela violência os lugares que de direito seriam os dela. Em todo caso, ainda na década de 70 estava ela vigente, pelo menos na favela carioca que Boaventura dos Santos, da Universidade de Coimbra, apelidou de Pasárgada (SANTOS, 1976). Os moradores, conscientes de não representar nada diante da instituição jurídica oficial, por serem ocupantes "ilegais" de seus "lotes", abandonados, por outro lado, pelas autoridades policiais, que não penetravam no seu território e cuja intervenção, aliás, não era em nada desejada, tinham instituído um corte radical entre a "Lei do Asfalto" e a "Lei do Morro". Uma "ordem nativa" estabelecia-se por meio da Associação dos Moradores, cujo Presidente nomeava um Conselho de Justiça, diante do qual os contendores compareciam na pessoa de seus representantes, escolhidos por eles próprios. Decisão coletiva; e decisão acatada. Sem excluir a possibilidade de um recurso, se o Presidente da Associação o julgasse cabível.

Um exemplo pitoresco poderá ilustrar o sistema. Dois vizinhos. Um cria porcos e invade o "lote" do outro. Este protesta diante do Conselho. Sentença: não se pode invadir o lote alheio. Por outro lado, não convém que os menos ativos impeçam os trabalhadores de produzir (Em outra escala, o problema do latifúndio improdutivo...) A sentença será, pois, no sentido de permitir ao criador que continue a sua criação, mas com a obrigação de entregar um porco de cada ninhada àquele de quem utiliza o terreno.

1970 ou 1975... Felizes favelas onde se criavam porcos e cujos conflitos se davam em torno de tais paquidermes...Seria hoje "à bala" que tais disputas se resolveriam fatalmente, pertencentes que seriam os contendores às duas quadrilhas que definem e opõem os lados do espaço social? Possivelmente. Provavelmente. Quero no entanto lembrar que, em pleno sistema escravista do século XVIII, em meio a conflitos de outra ordem mas não menos dramáticos, uma solução análoga tinha sido encontrada pelas próprias autoridades. Estas, tanto civis quanto religiosas, utilizando a tradição africana da coroação do Rei do Congo — um "rei" livremente escolhido em eleições gerais entre os próprios africanos e cuja escolha podia recair em indivíduos livres ou escravos —, investiam os que gozavam da confiança popular de vários títulos ("Rei", "Governador", "Capitão", etc.). E não se tratava de mera representação ritual ou festiva, como se escreve em 1776 a propósito do Capitão-Mor da Capitania de Pernambuco: tendo ele reconhecido o "Governador (previamente eleito) dos Pretos da Nação Sabaraí", esperava dele que nas obrigações que lhe competiam se haveria como lhe cumpria, contendo em paz os ditos pretos de sua nação" (TINHORÃO, 1988:102).

Pulando por cima dos séculos, enfim, renegando as categorias ideológicas reflexos de uma estrutura escravista ("contendo em paz os ditos pretos...") e num discurso dirigido aos próprios responsáveis institucionais — discurso classicamente enquadrado na legalidade vigente e que leva direta e tecnicamente em conta o papel da polícia e do Judiciário oficial —, encontramos uma utopia homóloga no recente apelo "do Viva Rio aos candidatos ao Governo do Estado"[4]: "Para que a Justiça seja menos morosa, que se multipliquem os Juizados especiais para causas cíveis simples e pequenas infrações, e para que os princípios da justiça se tornem mais familiares ao conjunto da população, que se aproveite pessoal leigo na tomada de decisões dos Juizados especiais" (p. 2)[5].

Três procedimentos de análoga inspiração, cuja iniciativa se enraiza em instâncias distintas, dentro de quadros sócio-históricos profundamente diferentes, mas cujo paralelismo mostra a permanência — e a pertinência

---

4. *Do Viva Rio aos candidatos ao Governo do Estado*, Rio de Janeiro, 20 de julho de 1994, 8 págs.

5. O texto, em verdade, continua num balanço que deixa entrever a complexidade e delicadeza da situação. De um lado, ele pede "um policiamento sistemático e permanente nos bairros pobres", evitando "a prática atual de 'invasão' e 'ocupação' das favelas, como se fôssem territórios estrangeiros a conquistar". De outro lado, insiste para que sejam oferecidos aos cidadãos "instrumentos de defesa diante de eventuais abusos da força policial".

— de tentativas institucionalizadas — ao lado da Instituição — para "desarmar os espíritos".

3 — É preciso no entanto chegar até um nivel mais fundamental nesta dialética entre o Estado e a sociedade. Até precisamente o registro da utopia radical. Lembremos o texto de L.Dumont citado no começo: "generalizar a noção de violência (...) ameaça-nos de barbárie". A barbárie como o contrário da civilização, o contraponto da paz, antípoda ao desejo. Mas na história existe, em sentido contrário, uma utopia retrospectivamente progressista: a da Selvageria[6] como projeção e cristalização histórica do desejo nascente de um Ocidente que pelejava para entrar na sua modernidade. E uma Selvageria situada, para os homens daquele tempo, precisamente no Brasil. Não pretendo esboçar, mais uma vez, uma minianálise da "cultura brasileira" como "cultura da paz"... Em certo nível até, o nosso Seminário está dizendo exatamente o contrário! Mas é importante lembrar o modelo de sociedade *pacífica* que alguns entre os Europeus do secúlo XVI (está claro em Montaigne, mais ainda em Jean de Léry, em Thevet) pensaram ter encontrado no Brasil : "Não tinham em vista o bárbaro, diz Afonso Arinos, mas o selvagem, o homem da *selva*, o homem da natureza". Michel de Certeau explicita, a propósito de Jean de Léry, que é exatamente quando se viram enredados numa sociedade cada vez mais dominada pelo Estado, embasada na lei do trabalho, da produção, da organização rígida do tempo, da "estratégia" e de relações sociais sempre mais estritamente estruturadas, que o *Homen moderno* cristalizou sobre a imagem do índio brasileiro seu desejo de gratuidade, de excesso, de *comunitas*, no sentido de Turner. Até o século XVIII, até a Revolução Francesa, esta imagem de Paz[7] será motora para a história — pelo menos do Ocidente.

---

6. É bem conhecida a sucessão, estabelecida por várias tradições evolucionistas, das três etapas do Progresso humano: selvageria, barbárie, civilização.
7. Correlativa a outra imagem, de degenerescência, de guerra, de crueldade ou simplesmente de inutilidade. Às vezes nos mesmos autores encontramos uma dialética entre as categorias da selvageria, da barbárie e da civlização, cuja dinâmica desemboca numa proposta diretamente política de dominação "civilizadora": "Assim a maldade dos selvagens é somente o sinal de uma transformação perversa, de uma alteração da sua *natureza*, devida a causas históricas, sobre as quais é possível atuar. Corrompidos pelos Europeus, eles se voltam contra os seus corruptores, e, de *selvagens*, tornam-se *bárbaros*; mas, conquistados pela persuasão e a doçura, incorporados à nação sábia que saberá policiá-los, eles reencontrarão suas virtudes, cujo germe foi sufocado" (DUCHET, 1972).

Tecendo mil alusões textuais possíveis, eis como Afonso Arinos resume o pensamento, por exemplo, de Raynal: as tribos brasileiras, "pequenas nações esparsas, viviam em abundância porque de pouco necessitavam...Os nossos índios dançavam e cantavam naturalmente e não por artifício, como os civilizados. (...)A cândida nudez, (...) a dança, o canto eram, para eles, sinais de concórdia, de ternura e de prazer. Eram felizes"[8]. A perfeita imagem de um homem sem "incompletude" nem "vazio".

Não ignoro, é claro, todos os problemas que tal evocação implica, problemas de ordem epistemológica, ideológica, política. Mas afiro esta tradição como a de um Mito. Pouco importa o seu referente; cultivado[9], ele se inscreve na História e tem efeitos de cultura. Talvez o caso seja paralelo ao da categoria de "Comunidade". Aspiração fundamental da humanidade — pois a "sociedade" nega à "comunidade" o direito de existir —, ela tende a se projetar, como utopia, na imagem de um grupo social concreto. Mesmo se for à revelia de todas as evidências empíricas. No entanto, apesar de não se concretizar em lugar nenhum, a "Comunidade" faz existir, pela potência de seu poder evocador (utopia), movimentos históricos inumeráveis. O Mito implica uma lógica, inclusive uma lógica prática.

E, dentro desta lógica, a expressão máxima "daquele" povo: a Festa[10].

Uma das vertentes da Festa, sem dúvida é de violência — excesso do excesso. Para G.Bataille, ela é marcada pela aspiração à volta à indistinção primitiva, ao caos. Na radicalidade de sua lógica, ela implica um risco para a própria estrutura social. Por isso, toda sociedade, para sobreviver, lhe põe limites, e seu caos relativo, assim represado e orientado, pode então tornar-se ao contrário ponto de partida de nova fase, revitalizador do laço social fundamental, fator de paz[11].

---

8. FRANCO, 1976: 158, 146.

9. À contracorrente de toda a tradição evolucionista vitoriana, que perdura até hoje em nível dos manuais escolares de praticamente todos os países (STOCZKOWSKI, 1990), e invertendo somente o seu esquema, também ele mítico.

10. Até no plano do real, tanto Alba Zaluar quanto Luis Carlos Susin insistiram neste seminário sobre a importância equilibradora, emocionalmente gratificadora e apaziguadora das tensões, da dimensão societária e festiva da vida popular brasileira.

11. Sobre esta dialética das potencialidades da Festa, a partir de um exemplo socialmente próximo ao Brasil, cf. SANCHIS (1992).

Neste sentido, o "desarmador dos espíritos" deve ser, sobretudo em espaços sociais conturbados, o incentivador da dimensão festiva da vida social, principalmente em se tratando de festas socialmente abrangentes, compassadoras das diferenças e não de eventos setoriais, reservados a segmentos excludentes da sociedade.

4 — Mas deveremos ficar em terreno institucional e coletivo? Não seria possível detectar nenhuma dimensão propriamente "espiritual" a desafiar, em nome da não-violência, a vida de cada homem, de cada mulher, neste violento Brasil contemporâneo?

Muito pelo contrário, é possível que o "desarmamento dos espíritos", na situação de impasse em que parece encontrar-se nossa sociabilidade, implique, da parte de quem quer professá-la, uma *atitude* bem particular. Uma inspiração de não-violência, além de generalizar esta atitude em todos os níveis, multivariados, das relações individuais as mais cotidianas, poderia também suscitar "vocações" mais concentradas nela, até que, pouco a pouco, chegue a ser capaz de inventar suas cristalizações e expressões mais coletivas e diretamente sociais — quais serão? — dentro dos campos e dos grupos particularmente vulneráveis à problemática das armas e à violência.

Chamarei esta atitude um *tornar voluntariamente porosas as identidades próprias, para permitir que o outro possa existir enquanto outro para cada um*. Falei do Brasil. Mas é a contemporaneidade inteira do nosso mundo que me parece impor tal atitude, sob pena de suicídio da humanidade. Eu sei: trata-se de armas, de tiros, de mortes e de terror. E não de palavra. De fatos — e não de postura. Mas sei também que muitos homens e mulheres — e, neste ponto, não se trata mais de biografias individuais, mas de fenômenos sociais, marcados pela concentração de trajetórias individuais paralelas: ficou paradigmática, por exemplo, a "opção" entre "bandido" e "otário" com a qual depara, na encruzilhada de seu caminho individual/coletivo, o jovem da Cidade de Deus de Alba Zaluar — em momentos cruciais de sua existência, tiveram e continuam tendo o seu futuro definitivamente encaminhado, fixado, decidido, a partir e por causa de uma falta de possibilidade de expressar-se, expressar o seu desejo a alguém que o escute[12]. Michel de Certeau, depois de

---

12. Neste sentido, tal atitude de silêncio ativo, de "escuta", é, na escalada da não-violência, mais radical que a própria "razão crítica", "a única alternativa à violência que se tenha encontrado até agora", no dizer de Popper (ADORNO, & POPPER, 1979(1969):240). Mais radical também que a "razão comunicativa" de

Maio de 1968, já detectava a importância desta "tomada da palavra" decisiva. "Chegamos a nos perguntar, dizia ele, se o ato de tomar a palavra não seria, ou não deveria tornar-se, o *princípio constituinte* de uma sociedade" (CERTEAU, 1968:42). Ou da reconstituição do laço social rompido, diremos nós: "Uma cultura pode ser vivida *de outra maneira* em conseqüência de um deslizamento do qual o conjunto das palavras e dos gestos não constitui ainda o sinal, mas cuja marca é o coeficiente que a todos afeta. (...)Este coeficiente, hoje, é a tomada da palavra" (id.45).

Permitir que se instaure a diferença. Deixá-la expressar-se enquanto tal. Esta atitude, modulada conforme a inspiração, as possibilidades, as oportunidades de cada um, poderia hoje constituir-se em programa para todos os "desarmadores do espírito" — dos espíritos. Em toda ocasião, abrir espaço para que o outro, como Outro, possa tomar a palavra. E dizer-se. Talvez, e curiosamente, mais ainda do que — ou anteriormente a — a simples recusa do uso da força, trate-se de criar uma imensa rede, espontânea e em nada institucional, de situações longinquamente analíticas: "É por falta de amor que o sujeito vem recorrer à análise, e é reconstituindo a sua confiança e a sua capacidade de amor(...) que ele conduz a sua experiência analítica" (KRISTEVA, 1987:12). Ou ainda: "Com efeito, o espaço analítico é o único lugar explicitamente designado pelo contrato social, onde temos o direito de falar de nossas feridas e de buscar novas possibilidades em nós, de acolher pessoas novas, e novos discursos"(id). Sairemos então do social — para entrar num ampliado e fictício consultório psicanalítico sem divã? A psicanálise do pobre? Precisamos no entanto insistir, pois a experiência, que se procura, da palavra desarmadora não se elabora eficazmente senão na relação interindividual da "escuta". Ainda Julia Kristeva: "À luz de tal operação, que mobiliza a inteligência e o corpo de duas pessoas por meio unicamente da palavra que as liga, compreendemos melhor a célebre observação de Freud sobre os fundamentos da cura: "Nosso Deus Logos" (in *O Futuro de uma ilusão*). Ela nos traz igualmente à memória os postulados evangélicos: "No princípio era o Verbo" (João,I,1) ou "Deus é amor" (I, João, IV,8; II Cor, XIII,11)".

5 — Vertente institucional de não-violência relativa, por um lado; por outro, vertente de aparência meramente psicológica, na verdade, de

---

Habermas, cuja patologia ou ruptura pode estar no entanto na origem da violência, "suicídio, crime, revolta ou guerra revolucionária", cf. cit. em (SIEBENECHLER, 1989:154:).

postura ética. É preciso agora articular as duas dimensões. Pois a atitude que acabamos de descrever — atitude social de escuta sistemática — deve tender a ser a alma indispensável a informar qualquer dos esforços institucionais de que falamos antes: ocupação pelo Estado e suas instâncias do espaço social onde o monopólio da violência lhe é reservado, insistência da sociedade civil para que o Estado seja Estado nestes estritos limites, constituição de rede paralela de instâncias de solução de conflitos em todos os níveis possíveis. E é neste sentido que um esforço *educativo* de envergadura é necessário, dirigido a todos os agentes institucionais chamados a entrar neste campo: a educação para a procura da legitimidade e não do poder; para a escuta e o reconhecimento da alteridade — cada um conservando sua identidade institucional própria. É falando da polícia, que o mesmo documento do Viva Rio deseja "que sejam aprimorados os processos de recrutamento, os mecanismos de controle interno e de formação do pessoal; e que se dê prosseguimento à aproximação, já iniciada, entre a carreira policial e os meios universitários". Utopia mais utópica ainda que a precedente, dirão alguns: Educar a polícia! Posso no entanto — e por acaso — testemunhar a eventual profundeza da repercussão de uma formação sistemática e insistente, possivelmente iniciada em Minas Gerais, com um discurso de Tancredo Neves, então governador, nos primeiros tempos do restabelecimento da democracia, e continuada ao longo dos anos no meio de alunos oficiais e recrutas, sobre a consciência coletiva do conjunto de um Corpo policial. Articulada com um equipamento técnico razoavelmente sofisticado, pode virar dimensão viva e atuante a consciência do "papel da Polícia, a serviço da população, numa sociedade democrática". Cito o fato como um simples exemplo, que não nos deixe duvidar levianamente da eficácia *social* possível de um esforço que alguns seriam tentados a julgar com desdém "meramente moral".

Pois afinal — que o diga Durkheim! — tal dimensão *também* é decisiva e as inovações institucionais bem poderiam não surtir efeito sem que um sopro em direção ao desarmamento dos espíritos varra amplos setores da sociedade brasileira: uma "Revolução cultural"... E como para qualquer movimento deste gênero, o sustento desta dimensão depende da existência de certo número de "virtuosos", como diria Weber, possuídos por autêntica vocação.

6 — Neste sentido, mergulho mais fundo na utopia, não resistindo à evocação de uma figura histórica bem brasileira, que me pareceu emergir no horizonte desta reflexão, tanto em relação com o tema das instân-

cias dos julgamentos de Paz, quanto com o tema da "escuta": a figura do Beato. Quem sabe uma inspiração de não-violência seja capaz de suscitar modernas vocações homólogas? Viriam a ser o que estes Beatos do Século XX? Pais e Mães-de-Santo, pastores, padres e "irmãs", educadores, "policiais" até, quando sabem fazer-se presença da Paz em meio às ameaças latentes de violência...

O(a) Beato(a). Aquele que uma comunidade se representa, expressando-a, apesar de — e talvez pelo fato de — estar fora dela. Um "fora" de onde ele a interpela. O não-violento por excelência, já que, pelo menos enquanto tipo ou imagem ideal, não tem "interesses" pessoais. Arquétipo presente ao mesmo tempo no Cristianismo mais antigo, na pessoa do anacoreta [13], e no Brasil colonial e republicano, na multifacetada realidade dos "ermitãos", "irmãos", "beatas" e "penitentes"[14]. Uma presença densa, que o senso comum histórico tende a recalcar, deixando somente emergir aqueles protagonistas dos casos sangrentos ou simplesmente dramáticos bem conhecidos.

Algumas de suas características merecem ser comentadas — mesmo se exigirem hoje uma atualização profunda — em relação com o problema da não-violência, especialmente nas camadas populares:

— Itinerância e "vida nômade" ou, ao contrário, fixação junto a um lugar de romaria. Às vezes, itinerância a partir deste santuário e como tornando presente a sua *aura* ao cotidiano das populações. Em todo caso, o Beato destaca-se deste cotidiano do povo, sem se distanciar de seus modos. "Aversão a tudo o que é fixo demais", diz Hoornaert (1991:105). Por isso, o povo "sai" de uma "situação", levado pela "crise", para "ir" a ele; ou então, é ele que cria o "suspense", intervindo no âmago da própria situação, suspense a partir do qual a mudança é pensável — e possível.

— Em geral, sua influência vai no sentido da não-violência. Os beatos violentos, bem conhecidos (Antônio Conselheiro, João Maria e José Maria do Contestado, etc.), ofuscam a imagem pacífica de milhares de outros ermitãos, espalhados por todo o Brasil, no decorrer de quase toda a sua história.

---

13. Cf. BROWN, 1978.
14. Cf. tanto os historiadores da Igreja no Brasil (HOORNAERT, 1991:102-111; 1977:103-109. AZZI, 1976; 1977:240) quanto romancistas (Guimarães Rosa) comentados por antropólogos (Roberto da Matta: Matraga, o "renunciante").

— Ele recebe, escuta — ou "fala": é pregador e "Conselheiro", aquele que também sabe "escutar", mesmo se não se confunde com a figura do "escutador" que evocamos anteriormente. O seu papel histórico, em todo caso, está em jogo em nível da "palavra".

— Ele acaba constituindo assim um "pólo de poder": um poder que não se identifica com o "poder da instituição oficial", aquela que dispõe da força, e para a qual ele passa a representar um problema por sua própria ambivalência institucional, mesmo sendo os "valores" em que sua influência se alicerça suscetíveis de recobrir os valores fundantes da sociedade "oficial" e num certo sentido de se identificar com eles. Na verdade, até neste caso e enquanto pertencentes ao beato, esses valores representam a reinterpretação "popular" dos seus homólogos oficiais, diante do cotidiano efetivamente vivenciado pelo povo. Daí certa ambigüidade dos beatos diante da violência endêmica no meio de seus fiéis (cf. P. Cícero, o próprio Lampião, a relação entre os dois...) Há, da parte do Beato histórico, uma "compreensão" das raízes da violência que não lhe permitiu identificar-se simplesmente com o "poder social" ou ser representado como identificado com ele, mas ao contrário fez com que fosse introduzido no Brasil colonial ou no Brasil dos coronéis, em torno do uso "legítimo" da violência, uma verdadeira "dialética do poder": "Com os ermitãos, o poder não está mais unicamente nas mãos dos colonizadores" (Hoornaert, 1977:109).

— Além do mais, este seu quinhão de "poder" é de outra ordem. Pode perverter-se, sem dúvida, confundindo-se simplesmente com o "poder" que está em jogo ou autonomizando-se em nível idêntico, mas, em si, é de um jogo mais sutil que ele participa, o jogo da "autoridade", da palavra socialmente reconhecida por causa dos "valores" que ela encarna.

Finalmente, trata-se de uma não-violência semi-institucionalizada. E esta figura tradicional, apesar de surgir na história brasileira sob a "inspiração" de um "Espírito", "se fundamenta [também] na inexorabilidade dos percursos coloniais e, por conseguinte, na necessidade de se afastar deles de maneira radical" (Hoornaert, 1977:105). Poderemos estender esta imagem — e igualmente falar da inexorabilidade dos modernos percursos "coloniais" da violência, em passe de tornar-se instituição paralela e, em certos lugares, substitutiva — na sociedade brasileira contemporânea? A analogia das situações é patente. Mas será suficiente para permitir pensar sem grande disparate na plausível atualidade de um equivalente contemporâneo desta "vocação" popular de "Beato"?

BIBLIOGRAFIA CITADA

ADORNO, T., & POPPER, K. — 1979(1969) — *De Vienne à Frankfurt. La querelle allemande des Sciences Sociales*. Paris: Complexe.

AZZI, R. — 1976 — "Eremitas e Irmãos. Uma forma de vida religiosa no Brasil antigo". *Convergência*, agosto 1976.

AZZI, R. — 1977 —"História da Igreja no Brasil. Segundo período". In E. HOONAERT, R. AZZI, & e. al. (Ed.), *Historia da Igreja no Brasil* (pp. 155-244). Petrópolis: Vozes.

BROWN, P. — 1978 — *The Making of Late Antiquity*. Cambridge: Harvard Univ. Press.

CERTEAU, M. d. — 1968 — *La prise de parole. Pour une nouvelle culture*. Paris: Desclée de Brouwer.

DE LUBAC, H. — 1968 (1965) — *Blondel e Teilhard de Chardin. Correspondência comentada por Henri de Lubac*. Lisboa, São Paulo: Morães.

DUCHET, M. — 1972 —"De la destruction des indiens à la civilisation des sauvages". In R. JAULIN (Ed.), *Le livre blanc de l'ethnocide en Amérique* (pp. 227-272). Paris: Fayard.

DUMONT, L. — 1977 — *Homo aequalis. Genèse et épanouissement de l'idéologie économique*. Paris: Gallimard.

DUMONT, L. — 1985 — *O Individualismo. Uma perspectiva antropológica da antropoplogia moderna*. Rio de Janeiro: Rocco.

ELIAS, N. — 1975 (1939) — *La dynamique de l'Occident*. Paris: Calmann-Lévy.

FRANCO, A. A. d. M. — 1976 — *O índio brasileiro e a Revolução Francesa. As origens brasileiras da teoria da bondade natural* (2ª ed.). Rio de Janeiro: José Olympio.

HOORNAERT, E. — 1977 — *História da Igreja no Brasil*. Petrópolis: Vozes.

HOORNAERT, E. — 1991 — *O Cristianismo Moreno do Brasil*. Petrópolis: Vozes.

KRISTEVA, J. — 1987 — *No princípio era o amor. Psicanálise e Fé*. São Paulo: Brasiliense.

SANCHIS, P. — 1992 — *Arraial, a Festa de um Povo. As romarias portuguesas* (2a ed.). Lisboa: Publicações D.Quixote.

SANTOS, B. dos — 1976 —*Lei dos oprimidos*, Tese de Doutorado, Univ. de Yale.

SCHEPER-HUGHES, N. — — *Death without weeping. The violence of every day life in Brazil*.

SIEBENECHLER, F. B. — 1989 — *Jürgen Habermas. Razão comunicativa e Emancipação*. Rio de Janeiro: Tempo Brasileiro.

SOARES, L. E., et al. — 1993a — *A violência no Rio de Janeiro, em 1993: símbolos, ícones e índices*. Rio de Janeiro, ISER.

SOARES, L. E. — 1993b — *Criminalidade urbana e violência: o Rio de Janeiro no contexto internacional*. Rio de Janeiro, ISER.

STOCZKOWSKI, W. — "La prehistoire des manuels scolaires, ou notre Mythe des origines". *L'Homme*, oct. 1990, 111-135.

TEILHARD DE CHARDIN, P. — 1957 — *Le milieu divin*. Paris: Seuil.

TEILHARD DE CHARDIN, P. — 1959 (1936) —"Quelques réflexions sur la conversion du monde". In T. de Chardin (Ed.), *Oeuvres 9*. Paris: Seuil.

TINHORÃO, J. R. — 1988 — *Os sons dos Negros no Brasil. Cantos, danças e folguedos: origens*. São Paulo: Art Editora.

ZALUAR, A. — 1985 — *A máquina e a revolta. As organizações populares e o significado da pobreza*. São Paulo: Brasiliense.

ZALUAR, A. — 1994 — *O condomínio do diabo*. São Paulo: Brasiliense.